雪甲午耻

陈悦 主编

中国海军稀见史料

丁汝昌集（上）

往来要信底簿　函牍公文辑佚

孙建军　整理校注

山東畫報出版社

雪甲午耻 中国海军稀见史料

档案支持：中国船政文化博物馆

中国甲午战争博物院

总 序

众所周知，中国有着辽阔的海疆和十分悠久的航海历史，但真正拥有现代意义上的海军，则不过才是短短百年多前的事情。在一个多世纪前，受1874年日本侵略台湾事件的刺激而渐次兴办成功的北洋海军，是中国第一支现代意义的海军，且曾一度努力登攀到实力雄踞亚洲第一的高位，令人不敢小觑。因而后人回溯中国海军的历史，几乎都会从那支成军于威海卫的海军说起。

当时的日本海军曾经总结到，从北洋海军模样初具的1886年开始，至这支海军被日本超越的1892年之间，正是因为北洋海军的存在，东亚的制海权被掌握在中国之手。尽管制海权一词对当时的中国人还是个极为陌生的概念，而那几年确确实实成了19世纪末东亚海疆最风波安定的时代，然而北洋海军的发展停滞也就从那几年开始。

数年后，中日甲午战争爆发，被国人寄予无限期望的北洋海军浴血作战，拼却一身也未能改变失败的战局，龙旗无助地跌落在威海湾畔。因为北洋海军从兴起到失败的间隔是如此短促、反差是如此强烈，加之北洋海军在鸭绿江口外和日本联合舰队进行的黄海大东沟海战是现代意义的中国海军迄今为止进行过的规模最大的海上战役，使得百年后回溯中国海军的历史，又几乎都会提到北洋海军的覆灭和甲午海战的惨烈。

2011年，山东画报出版社的秦超先生和我商议组编一套收录中国海军历史稀见史料的丛书，几经磋商于是有了本丛书的计划。不过在丛书的名字问题上我们讨论再三，久久未有定论，最终由秦超先生提出了四个来历颇为不凡的字——雪甲午耻。

雪甲午耻，曾是民国南京政府时代中国海军学校中激励将士们的一条著名口号。

甲午战争后，近代中国的国力、近代中国海军的建设一蹶不振，海权沦丧，饱受列强欺压之苦。到了抗战前夕，“雪甲午耻”的口号便被提了出来，乃至成为悬挂在中国海军军官学校内的警语。面对东邻日本咄咄逼人的强大海军，相比之下中国海军显得弱小不堪，此时对于甲午海军之败的惋惜、羞愧、悲痛以至愤怒，在中国海军军人中有了更刻骨铭心的感受。这句带有“靖康耻，犹未雪”意味的话，几乎就是当时中国海军之所以能在严酷的逆境中和入侵的强敌作战不怯的根层信念所在。

随着抗日战争胜利，中国海军以战胜者姿态接受日本海军的赔偿、投降，从日本索回了甲午战争北洋海军遗物，甲午之耻似乎已然洗雪。然而仔细思之，甲午海军覆师之耻，并不能只看作是一支军队的军事上的失败。

从军事角度看，北洋海军甲午海战失败的关键因素之一在于技术装备落后，而之所以落后则是北洋海军从1888年正式成军后不久就被停止了装备的更新。

北洋海军为何在兴起之时突然被自断发展之路？理由当然不是清政府统治阶层某个人或某几个人的思想昏聩所可以解释。相比于传统的陆军，现代意义的海军是一个需要更大和更长期投入才能见效的军种，要使一个国家维持对这一军种进行持续不断的高投入，显然需要让国家看到这种巨额投资的回报所在，即海军需要能够给国家带来利益回报。此种来自于海洋的利益显然不是海军自身所能攫取的，海军在此所起的作用是为国家获取海洋利益保驾护航。百年前的清政府对于海洋利益根本无知，其建设海军的目标也仅仅是防海而已，一旦海上风平浪静，对海军的投资便戛然中止也是意料中事。

因而国家不知道海军的真正价值所在，以及应该如何运用海军，如何去维持一支强大的海军，才是北洋海军甲午战败的悲剧。而这种责任又远不是清政府自身的问题，当国家财政吃紧需要樽节开支时，作为全国知识分子精英的朝堂上的官员们首先想到的是压缩海军费用，即认为在各项国家开支中海军是最可有可无的；当北洋海军战败时，举国舆论在风传各种离奇的关于海军的谣言故事，而并没有去想一想，在承平时代有没有真正关注过自己国家海军的兴废。当时的中国全社会缺乏海洋意识，对海洋权益无知，对海军茫然，这才是甲午海战失败的最根层原因，这也才是真正的甲午耻。

中国正在日益自信地走向海洋的今天，作为历史镜鉴的甲午海战也十分频繁地被人提起，引为教训。此时再说“雪甲午耻”别有一番意义，这一雪耻显然不是指军事上的报复，而是如何让历史上的悲剧永远成为历史。扪心自思，社会缺乏海洋意识、对海洋权益无知、对海军茫然这些问题是否已经绝迹？只有让对海洋的热情和对海军的关注成为根植于社会的一种普遍的文化，在全社会形成真正关注海洋的文化氛围，而不再是只为新闻热点所牵动的一时兴起，我们才能自信地称已经真正在洗雪甲午耻。

适处这一时代，使得研究中国海军的历史同时也具有了强烈的现实意义。通过研究、挖掘历史上中国海军的兴衰胜败，让越来越多的中国人对自己国家海洋上曾经的故事发生兴趣、产生思索，便成了海军史研究者责无旁贷的使命。由此，旨在为学界研究海军历史提供更丰富的资料，使大众能对近代中国海军兴衰的历史产生深思，能对中国海洋、海军的历史与现实有更多的关注的本丛书，用“雪甲午耻”命名则再恰当不过了。

根据计划，本丛书收录整理的范围为中外关于清末至民国时代中国海军历史的稀见史料、著述，其中多为在国内首次出版的，甚至在研究学界也极为罕见的史料，诸如北洋海军访问日本的日记、甲午海战爆发后西方国家的评述等等，都极具研究价值，同时也颇有可读性。本丛书相关的编辑整理以及翻译工作的承担者都是目前中国在海军史研究方面十分活跃和有建树的学者，也大都是海军史研究会的成员，直接由他们整理、校注、翻译这一领域的重要史料无疑最为合适。我忝列主编，谨向参加本丛书计划的各位学者表示由衷的谢意，感谢大家的辛勤工作，希望这套丛书能对中国海军历史的研究普及有所助益，能使更多的国人关注我们的海洋和海军。

陈　悦

2013年7月1日

1881年率官兵赴英国接收“超勇”“扬威”巡洋舰期间，丁汝昌在英国纽卡斯尔门德尔松照相馆(Mendelssohn，Newcaslle)拍摄的照片。

1881年英国报纸上刊登的丁汝昌头像铜版画。

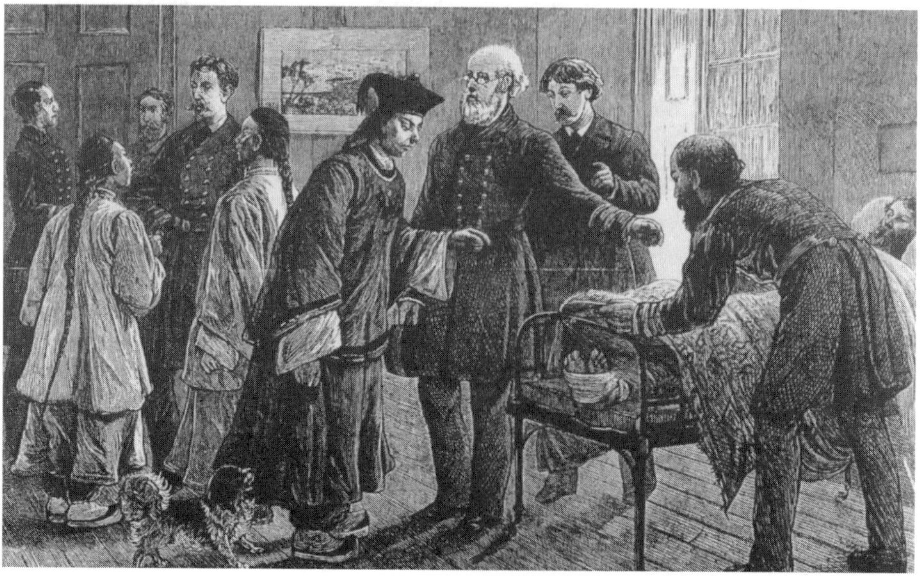

1881年英国报纸刊登的铜版画，表现丁汝昌在英国期间参观英国皇家海军养病院时的情景。

1886年醇亲王奕譞大阅海军期间，赏赐给诸将拍摄照片时所摄的丁汝昌照片。

丁汝昌便服照，推测拍摄于1891年率领北洋海军舰队访问日本前后。

1895年日本出版的《日清战斗画报》刊载的美术作品，表现1891年丁汝昌率舰队访日时在“定远”舰上举行招待会的情景。

丁汝昌着色照片，推测拍摄于1894年初受赐黄马褂后。

西方报纸根据丁汝昌着色照片而绘画制版的丁汝昌像。

威海刘公岛丁汝昌公馆前的花园，照片摄于1895年日军占领刘公岛后。

威海刘公岛丁汝昌公馆今景。

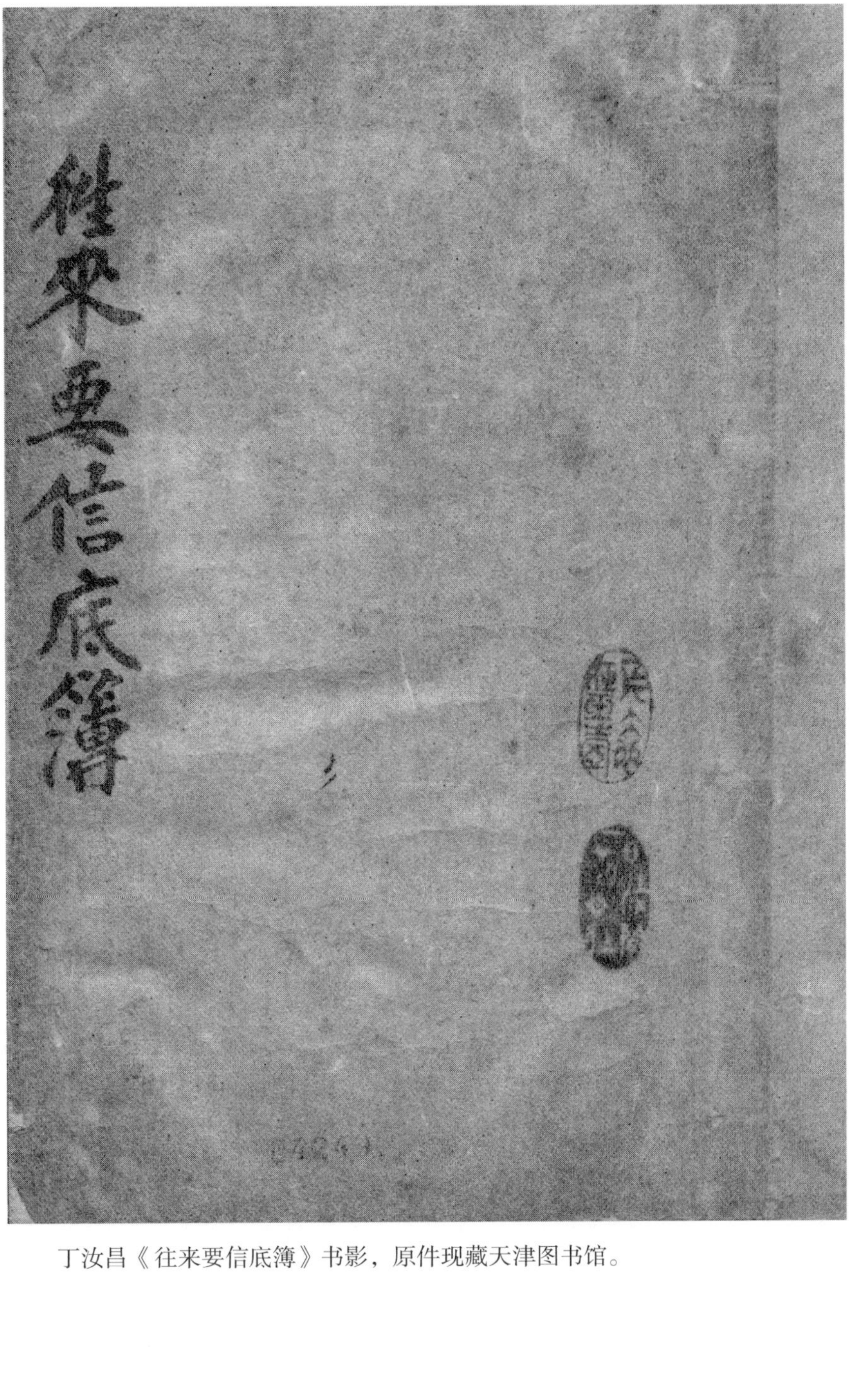

丁汝昌《往来要信底簿》书影，原件现藏天津图书馆。

閏五月十六日發寄子九公事信

子九世叔觀察大人閣下：十四日快馬專旅遞到

賜示，敬悉種種。侄於十三日帶同康威、超揚由威北邊並節奉觀察交到兩雷艇及廣艇、艘裝

載魚雷等件，同日隨行到旅，中途遇疾風，雷艇勢甚岌岌，竊幸遠托

福庇，差喜無恙。進口即登岸到局。宋軍門尚在營口，當會晤王軍門及毅軍姜統領，告以他

族食均籌情。連日護毅兩軍均各盡力籌備，至各營有應機調分防之處，須候宋軍門

日內到旅，方可定奪也。敵軍四船康威尾泊西澳，超揚分兩臂齊駐白玉山前，此間山外沿海各處

連日偕同在防諸公陟降履勘，查西澳之沙沽灘兩山之間，敵易內入，不可不倍加防範，並已商同

王提調將拖泥兩船上鋪木板，於毅軍撥出砲兩尊移置其上，乘潮拖至該處，抽撥練勇隨時

看守，以作攔路水卡，所有山徑應設陸卡之處，俟宋軍門到防再商辦也。承

洵軍糧合計存船存岸足供兩月之需乞飭增領藥彈已函致東局及軍械所發交探

江撫撥急風天氣載運前來水師亦需煤斤除旅廠存儲外各船此次來烟均須裝足之所

有前次來烟之煤千噸月內即可陸續運送到防諸蒙

存念用謹奉告再前留大鎮駐威演放大砲西北裝用中國製藥以望勁大夫將砲之接

節處震有微縫差後東旋當即查明申狀 傅相如何批飭備

老叔先有所聞敬請便中 示悉為禱祗复敬請

台安

又答林鍾卿公事信

鍾卿大兄大人如見久鎮由烟西發一路想均平善當各以議分抵北塘大沽矣西

北砲傷之事於十日曾將稟

前　言

晚清创设的北洋海军，是中国第一支近代化意义上的武装力量。自1888年正式成军，到参加甲午战争而于1895年于威海刘公岛覆没，由盛而灭，几等于昙花一现。“唤醒吾国四千年之大梦，实自甲午一役始也。”（梁启超）也正因为如此，对于甲午战争的研究，对于北洋海军失败原因的探究，这些思考和探索一直持续至今。做为北洋海军提督，丁汝昌走向了人生辉煌的顶峰，也因此而失去了生命。

丁汝昌，谱名先达，字禹廷，道光十六年十月初十日（1836年11月7日）出生于安徽庐江县丁家坎村。做为一名普通的农家子弟，童年时的丁汝昌，可谓是命运多舛，出生的次年，母亲即去世；三岁（1839）时，祖母去世；十四岁（1860）时，父又去世。虽然读过几年的私塾，丁汝昌基本上是在困苦的生活中度过。

丁汝昌成长的过程，伴随着国运起伏跌宕。太平军从广西起兵，一路北上，席卷南方大地，而又直下长江，建都南京。咸丰三年（1853），太平军攻掠庐江，丁汝昌欲做一躬耕田亩的农民已不可得了。同治元年（1862），丁汝昌出现在李鸿章淮军征战苏沪的战场上。自此，丁汝昌的命运发生了彻底的改变，在军营中一路蹿升。太平军被镇压后，千总丁汝昌因功于同治四年九月初八日（1865.10.27），免补守备以都司尽先补用并赏戴花翎。丁汝昌随后又随淮军镇压捻军，同治五年二月二十二日（1886.4.7），都司丁汝昌以游击尽先补用并赏加副将衔。同治六年十一月初五日（1867.11.30），丁汝昌又被赏给协勇巴图鲁名号并以参将补用。同治七年五月初二日（1868.6.21），副将衔尽先参将丁汝昌，免补参将以副将留于湖广尽先补用加总兵衔，并赏给一品封典。同治七年七月初八日（1868.8.25），丁汝昌被保遇有总兵缺出尽先题奏并赏加提督衔。同治十年（1871）秋，丁汝昌在陕北被委统铭字右军。同治十三年正月十一日（1874.2.27），奉旨以提督交军机处记名请旨简放。

同治十三年（1874）四月，丁汝昌交卸陕北营务，回乡；这个家，是丁汝昌于同治三年（1864）迁居的无为州汪郎中村。12年的军事生涯中，丁汝昌已经成家立业，并且是个富足的家。在汪郎中村，抛却了戎装的丁汝昌，做起了悠哉乐哉的乡绅。

但是，大清国的边疆总是不太平，丁汝昌的太平日子过了没有几天，又被命运推向了另一条路径。光绪元年四月二十六日（1875.5.30），李鸿章奉旨督办北洋海防。光绪三年十月二十二日（1877.11.26），直隶总督兼北洋大臣李鸿章奉旨保荐军事人才，上“奏保丁汝昌片”；光绪三年十一月十九日（1877.12.23），兵部带领丁汝昌引见，奉旨“发往甘肃差委。”被重新启用的丁汝昌，诚惶诚恐地于光绪三年十一月二十一日（1877.12.25）上“叩谢天恩摺”。但是，丁汝昌却没有前往甘肃，而是被李鸿章留在了北洋海防。从此，丁汝昌开始了他的海上生涯，并很快被任命为北洋水师督操。

因为丁汝昌率带林泰曾、邓世昌赴英接带“超勇”“扬威”二舰回华，并在处理朝鲜问题中出力，光绪七年十月（1881.12），丁汝昌被破格擢用，统领北洋水师，遇有水师提督缺出即予简放；并赏换西林巴图鲁名号，正一品封典。光绪八年八月（1882.9），丁汝昌又被奏赏记名提督、穿黄马褂。光绪十四年八月二十六日（1888.10.1），《北洋海军章程》颁行；十一月十五日（12.17），丁汝昌正式出任北洋海军提督。至此，丁汝昌由一位农家子弟，由一位陆军将领，在走向海洋不到11年后，攀登上人生的顶峰。光绪十五年四月（1889.5），刘公岛水师学堂建成，丁汝昌兼任水师学堂总办。光绪二十年正月十三日（1894.2.18），丁汝昌被赏加尚书衔。

巅峰风光无限好，但军人的考场始终是战场。接下来，丁汝昌马上就要接受人生的大考，他会交出一份什么样的答卷呢？丁汝昌被赏尚书衔的当年，也就是光绪二十年六月二十三日（1894.7.25），日军在朝鲜丰岛突袭北洋海军舰船，中日甲午战争爆发。随后丁汝昌率领舰队屡次出海“寻敌不遇”，未能满足朝野的期待，遂于七月廿六日（8.26），被“革职”“戴罪自效”。经李鸿章的解释，丁汝昌终得“暂免处分”。八月十八日（9.17），大东沟海战爆发。这是一场史上第一场蒸汽舰队之间的大战，丁汝昌腿脚摔伤，面部被火灼伤，仍“舆疾往来”，督同将士血战日寇。九月廿五日（10.23），丁汝昌被交部议叙。大东沟战后，日军突破鸭绿江防线，海军基地旅顺形势危殆。丁汝昌率带北洋残余舰船，未能与敌再战，被朝廷认为“不能得力”，十月十九日（10.16），被革去尚书衔、摘去顶戴，戴罪立功，以观后效。十月二十五日（11.22），因旅顺陷落，丁汝昌又被“革职，暂留本任。”十一月二十一日（12.17），更被朝廷下令“拿交刑部分别治罪”。十二月二十五日（1895.1.20），日军在荣成龙须岛登陆，海陆夹攻北洋海军的另一海军基地威海卫刘公岛。在陆地防御相继失守的情况下，丁汝昌率舰大战，弹尽援绝，于光绪二十一年正月十七日（1895.2.12），自杀身亡。三月十五日（4.9），朝廷谕旨：“已革海军提督丁汝昌，总统海军始终偾事，前经降旨拿问，获咎甚重，虽此次战败死绥，仍著毋庸议恤”。

丁汝昌的一生，与北洋海军密不可分。他服役北洋海军期间，留下不少的函稿、电报等，对于研究北洋海军和甲午战争，有着不可估量的作用。但因为散佚、毁失严重，收集、整理丁汝昌资料并不是一件容易的事情。本书辑录的资料，有这样一些。

卷一《往来要信底簿》，时间自光绪十年至光绪二十年止，是丁汝昌统率北洋舰船期间公私信函的抄录件，出自丁汝昌幕下文案之手。该件藏于天津图书馆，分为五册装订，因原整理装订者在时间上有部分的错乱，笔者点录时进行了调整，共计377件。

卷二《朋僚往来函电辑录》，系丁汝昌与朋友、同事等之间的私信、公文等，系整理者自力或在朋友的帮助下，多年收集整理而得。

卷三《李鸿章相关电稿中的丁汝昌资料辑录》，主要摘录自《李鸿章全集》，部分来自于清宫档案。

卷四《光绪二十年盛宣怀电稿中的丁汝昌资料辑录》，摘录自《盛宣怀档案资料选辑·中日甲午战争》（上、下）、《清季外交因应函电资料》《盛宣怀实业朋僚函稿》（上、中、下）等。

卷五《丁汝昌生平相关重要史料》，是关于丁汝昌生平的一些重要文献，其中，光绪三年丁汝昌被重新启用时所上的谢恩摺，因与李鸿章屡次保奏密切相关；《丁氏宗谱》系丁汝昌光绪十五年主持纂修，民国十一年其后代又予增修。其中关于丁汝昌生平的简介，系增修时补入的，可从中了解丁汝昌家世、早年经历，也收录在这个部分。

卷六《旧著丁汝昌传略辑录》共收录了三份，分别来自池仲祐《甲申甲午海战海军阵亡群公事略》《清史稿》和《庐江文献初编》。由于时代的局限，这三份资料中，问题不少，尤其是《清史稿》和庐江籍诗人陈诗所撰的《丁汝昌传》，问题尤多。故笔者特别整理出《丁汝昌生平大事记》，为读者参照比较提供方便。

以上资料，在点录过程中，力求尊重原作，不刻意添加注释，以免误导读者，增加不必要的困扰。

丁汝昌的有关资料，究竟还有多少尚未被挖掘出来，很难说，本书若名之《丁汝昌全集》显然是不合适的，故以《丁汝昌集》名之。

孙建军

2017年4月18日

目　录

卷　一

往来要信底簿

【光绪十年】

1.闰五月十六日发袁子九[1]公事信

（光绪十年闰五月十六日　1884.7.8）

子九世叔观察大人阁下：

十四日“快马”来旅，递到赐示，敬悉种种。

侄于十三日带同“康”“威”“超”“扬”[2]由威北渡，并芗林观察交到两雷艇，及广艇一艘装载鱼雷等件，同日随行到旅，中途遇疾风，雷艇势甚岌岌，窃幸远托福庇，差喜无恙。进口即登岸到局，知宋军门[3]尚在营口，当会晤王军门[4]及毅军姜统领[5]，告知他族食约等情。连日护、毅两军均各悉力筹备，至各营有应拨调分防之处，须俟宋军门日内到旅方可定夺也。

敝军四船，“康”“威”尾泊西澳；“超”“扬”分两臂齐驻白玉山前。此间，山外沿海各处，迩日偕同在防诸公，涉降履勘。查西澳之沙沽滩两山之间，敌易内入，不可不倍加防范。兹已商同王提调将接泥两船上铺木板，于敝军拨边炮两尊移置其上，乘潮拖至该处，抽拨练勇，随时看守，以作后路水卡。所有山径应设陆卡之处，俟宋军门到防再商办也。

---

〔1〕袁保龄，字子九，时任北洋海防营务处。

〔2〕指北洋水师的“康济”“威远”“超勇”“扬威”四舰。

〔3〕宋庆，字祝三，时任毅军统领、四川提督。

〔4〕王永胜，已革记名提督江西南赣镇总兵。

〔5〕姜桂题，字瀚卿，时任分统毅后军四营、记名提督云南临元镇总兵。

承询军糈，合计存船、存岸足供两月之需。至应增领弹药，已函致东局及军械所发交“操江”，捡无风天气载运前来。水师应需煤吨，除旅厂存储外，各船此次在烟均行装足，所有前次在烟定煤千吨，月内即可陆续运送到防。诸蒙存念，用谨奉告。

再，前留六“镇”驻威演放大炮，“西”“北”装用中国制药，以坐劲太大，于炮之接节处震有微缝，差竣东旋，当即查明申报傅相如何批饬，倘老叔先有所闻，敬请便中示悉为祷。祗复。敬请台安。

2.又发林钟卿〔1〕公事信

（光绪十年闰五月十六日　1884.7.8）

钟卿大兄大人如见：

六“镇”由烟西发，一路想均平善，当各照议分抵北塘、大沽矣。“西”“北”炮伤之事，于十一日曾将禀傅相底稿由新关飞递寄交执事，想已接到阅悉矣。傅相若何办理，近日想已有信，务望详细告我为盼。

弟十二日早抵威海，与刘观察议事竟日。十三日带同“康”“威”“超”“扬”及威海两雷艇，又广艇一艘装载鱼雷等件，同日随行到旅。迩日会同护军、毅军各统领，履勘就近沿海各处，其险要之区已渐次筹备，均有大致，威防屯船于昨晚亦齐到旅顺也。六“镇”备用药弹，即望商同桐侯逐查某船某枪炮现存药弹若干，仍须增领若干，务即迅速查明，开折送呈东局早为制办。大炮均改领外国贝博火药，兹均函致东局及军械所，届时即由执事具前去，自当照发。手此，即询筹祉。

---

〔1〕林永升，字钟卿，时任北洋水师“镇中”舰管带。

外，附去“东”“中”“边”在威海机器厂修件之具，望查照粘条，分别收交。

3.又发“操江”兵船黄孝明公[1]事信

（光绪十年闰五月十六日　1884.7.8）

孝明大兄大人如见：

大沽别后即东发，船抵芝罘，泊未数日，即奉飞檄，当即遣六“镇”西渡。弟于十二日带同“康”“威”“超”“扬”到威，与刘观察筹议竟日。十三日早复率各船及威海两雷艇，又广艇一艘装载鱼雷等件，同日随行到旅。迩日会同护军、毅军各统领履勘各处，其险要之区已渐次筹备，均有大致，现在旅四船药弹均须增领，兹已开折备函前来，望即持送东局，一面将“操江”开至东局相近处停泊守候，一经领出，即捡无风清朗天气载运来旅，是为至嘱。此次业将此举附禀傅相矣。专此特布。即询近祉。

4.又发刘献夫[2]、张次韩[3]二观察公事信

（光绪十年闰五月十六日　1884.7.8）

献夫、次韩观察大人阁下：

多日未晤教，遥谂勋履增绥为颂。昌于本月初十日在烟台营次，接到

〔1〕黄裳吉，字孝明，时任北洋水师“操江”舰管带。

〔2〕刘汝翼，字献夫，时任天津军械局委员。

〔3〕张席珍，字次韩，时任天津军械局总办。

天津营务处传奉傅相钧谕，法越又启衅端，今将六“镇”炮船派赴大沽、北塘两口驻守，“超”“扬”“威”“康”四船派赴旅顺驻守，业经遵照办理矣。惟各船到旅后，亟应预备防守各事，连日已会同毅军、护军各统领布置一切，所有“超”“扬”“威”“康”四船应添领各枪炮子药等件，特先行开折，专弁函送贵局，请查照速为发给，由“操江”轮船转运来旅。是为至要！至两快船大炮此时似应专领外国火药为宜，昌知新城、大沽两处均存有外国贝博火药，务乞提至局中，照一百四十磅一响轻装装好发给是幸。至六“镇”炮船应领子药，已函致“镇中”管带林守备，就近由贵局请领应用，惟六“镇”大炮亦望发给外国火药为妥。俟各船子药领到后，再行补备公文，呈请察核备案。谨此奉恳。敬颂均安。

丁汝昌谨肃。

外，送领子药清折一扣、药袋信子样计大小三盒。

5. 又发总办北洋水师船坞文芝轩[1]公事信

（光绪十年闰五月十六日 1884.7.8）

芝轩仁兄大人阁下：

昨奉手示，敬悉汽管及木杆等件均蒙饬造，感荷无量。承另单开询风雨表及铁练两宗，现可通融挪用、无庸再购制也。“康济”请领木桶，并此次“超勇”请造大炮触门火钢机，均分别逐开尺寸，照绘图样，计二纸附呈，请即察照办理。前“超”“扬”请制边炮铁螺丝椿共八个，曾经送样，蒙允照办。务祈饬匠从速造来，以便临事备用。至原椿旧有三洞，兹已询

〔1〕文瑞，字芝轩，时任天津大沽船坞总办。

明该管带，请均无庸仿鑿，俟领到时该船自行钻配，似亦妥便也。

再，前“康”“威”“超”“扬”请贵处修配购置各件，凡已办现来者，可交“镇海”“操江”先后来旅之便，一并寄下，尤为祷切。手此敬复。祗请勋安。

外，附门火触样图、木桶尺寸单各一纸。

6.十七日发“镇中、边”两船信

（光绪十年闰五月十七日　1884.7.9）

钟卿〔1〕、桐侯〔2〕两兄大人如见：

现在旅四船各西员，恐中法构兵，纷纷乞退。若辈近年在船供差，半属有名无实，早拟分别替去，今者自行远引，适巧相值，刻均乘“镇海”赴津矣。此间仍须添华管轮四名，方足供用，望执事于六“镇”挑选二管轮四名，即随“镇海”来旅。该员薪水，本船均于闰月底截止，此间定于六月初一日起支，以期划一。至六“镇”所遗二管轮缺，于三管轮中考选充补；三管轮缺，于管汽、油中考试，倘有足资录补者固妙，设均不堪胜任，或于沪上函招，或于津中就近选募，总期材职相称为要，断不可以凡冗塞责，致后误事。所有升募各弁薪粮，均从六月分起支。其在船挑升者，原领薪水概于闰月底截止，务望妥慎办理。俟升募停妥，仰即详细申报前来，以凭备案。

再，吉必勋留津，倘不执意乞退，望设法维持，照旧供差，薪水仍照原议。若亦从众妄希，其去留任之可也。手此，即颂同安。

〔1〕林永升，字钟卿，时任北洋水师“镇中”舰管带。

〔2〕叶祖珪，字桐侯，时任北洋水师“镇边”舰管带。

7.又接致黄孝明[1]前稿

（光绪十年闰五月十七日　1884.7.9）

此次禀中，业附告傅相，设津中差忙，未能前来，望将所领药弹交“镇海”带来。倘不能作一起装载，余者仍存“操江”，俟下次“镇海”来旅再携寄也。第此次领发药弹，均责成执事经事，总要详细，免有误也。所有抬拨等费共用若干，便中开一清单，当转饬各船摊偿也。

再，此间各船西员恐中法构兵，纷纷乞退，若辈技本平常，且多所要挟，不遣自去，计亦良得，刻已离船搭“镇海”赴津矣。惟管轮此间殊形不符调用，除由“镇海”挑拨外，望饬“操江”大管轮即搭“镇海”此次东渡之便来旅，弟拟以此员充补“康济”大管轮，至其“操江”原领薪水，暂先无庸注销，俟该员到旅改补开支后，其遗缺应如何办理，再函告也。

再，“康”“威”“超”“扬”前在船坞，有请修领各件未经发给者，“操江”倘克来旅，望便过一问，有可发之件，一并带来为幸。又及。

8.十八日发方道[2]信

（光绪十年闰五月十八日　1884.7.10）

右铭仁兄观察大人阁下：

“快马”到旅，递来文牍，均已照数收讫。关垂逾格，感激无量。弟到

---

〔1〕黄裳吉，字孝明，时任北洋水师“操江”舰管带。

〔2〕方汝翼，字右铭，时任二品衔东海关道。也作“右民”。

旅后，日与在防诸君合力筹备，粗有大致。昨者，宋军门已乘“镇海”自营口来，名将识深，遇事有所禀承，藉得匡我不逮。英水师提督亦于昨率领七艘齐集旅顺，当与接晤，并进口登岸走阅数处。今晨已连樯齐发沽上，“镇海”亦同时展轮去津。敝军泊驻荒岛，音讯梗悬，策同终夜有求于幽室之中，须藉重烛照，俾怅怅者日有所之也。俟后遇有紧急公文，仍祈遄递芗观察饬“快马”一送，免得有误事机。素承殷眷，承平无事犹且一体相关，况当危急之秋耶，知亦不僻赘述，烟台有何新闻，当祈便中走笔见示为盼。此白。祇请筹安。不尽覼缕。

9.又发刘道[1]信

（光绪十年闰五月十八日　1884.7.10）

芗林仁兄观察大人阁下：

十四日自旅寄贡一笺，谅邀青及。弟自到旅后，日与在防诸君合力筹备。昨宋军门已乘“镇海”自营口来，名将识深，遇事有所禀承，藉得匡我不逮也。日昨英船到旅，当与英提督接晤，并进口阅视。今晨已齐发沽上，“镇海”亦同时开行去津。敝军远悬荒岛，音讯殊形梗滞，俟后倘有紧要公件，仍祈惠饬“快马”代为一送，免误事机。是所拜祷。

〔1〕刘含芳，字芗林，时任北洋前敌营务处。

10.廿五日发黄菊人[1]、叶桐侯[2]信

（光绪十年闰五月廿五日　1884.7.17）

菊人、桐侯大兄大人如见：

顷间“镇海”偕“中”“东”到旅，津中各事得闻其详，积日悬系，藉以稍释。今者，“边”“西”“南”“北”既留大沽、北塘驻防，子药自当先事储足，前已函致东局及军械所，可由执事会衔，自行备文开折请领，望照前函办理为要。刻下玉帛干戈判在旦夕，设遇事端，务期镇静，倘有碍难之处，必先须声明在防各宪，切不可含糊唯诺，致有误于临时，是所至嘱。所有四船饷项，倘过六月后望后，支发委员未能来津，每船可先向支应局各借湘平银一千两，以资应用可也。外致支应局函一件，届时派委员持信前往，自可照发也。设可不用信，须缴回，勿遗失也。手此，即颂同勋。

11.又致支应局信

（光绪十年闰五月廿五日　1884.7.17）

伯华[3]观察大人阁下：

兹恳者，现支发委员难即来津，所有留防大沽、北塘之“边”“西”“南”“北”四“镇”船，望贵处每船暂借湘平银一千两，共四千两，请归下次饷项划除，祈即发交去弁照领为幸。专此敬恳。祗请台安不一。

---

〔1〕黄建勋，字菊人，时任北洋水师“镇西”舰管带。

〔2〕叶祖珪，字桐侯，时任北洋水师“镇边”舰管带。

〔3〕朱福荣，字伯华，时任海防支应局委员。

12. 又致洋务委员马汉卿信

（光绪十年闰五月廿五日 1884.7.17）

汉卿仁兄大人阁下：

远隔芝晖，莫由话旧，一天两地，驰想为劳。近维勋劳并著，动定增绥，引领下风，时深远颂。前蒙赐荐试用管轮应剑泉，自闻防务吃紧之信，屡次乞退。五月间，复聒聒告病，因饬在威海调养。惟时弟正侍从傅相巡洋，既差竣来威，该员已杳不知其所之矣。正值军事旁午，在在需人，竟自不告而去，其有心规避之私，益昭然可见。若径置之不问，深恐效尤者至，又将何以为辞？本拟具情详参，并请分别咨行南省查解前来。以该员系蒙执事推荐，特先函商，即祈设法函催来防是幸。倘彼执意乞休，亦须明白销差，以免人言啧啧也。手此，敬恳。祗请台安。伏惟朗照。不具。

13. 又致合顺彝堂信

（光绪十年闰五月廿五日 1884.7.17）

彝堂大兄大人如见：

顷接来书，知前定太格西煤竟成无望，当此军务吃紧之时，煤吨一节颇关紧要。似此反复，在尔我知交，固无不可，若弟经据此情禀报中堂，诚觉不易错词也。第事已至此，若不从权办理，必至贻误事机，望速将金山煤装二百吨，可介煤装三百吨，赶运到旅，幸不可再事延宕也。尚祈格外费神，愈速愈妙，容面谕也。叶成忠处，不暇另函，祈便中代为达意，或将此信寄彼一阅，亦无不可。手此，即口口口。

14.廿六日又致船坞芝轩[1]信

（光绪十年闰五月廿六日　1884.7.18）

芝轩仁兄大人麾下：

敝处前请贵坞配造四“镇”舢板格林炮[2]座子八个，如已制好，望先发四个，交“镇海”附带来旅，给“中”“东”两船应用为盼，其余四个并祈添造四个，共八个，工竣时请就近发给“边”“南”“西”“北”四船祈领，是为至要。匆肃，奉恳。敬颂。

（附粘条）[3]

今奉上：格林铜炮架肆个，又铜螺丝叁拾贰个，望查收。如便，即付回单为托。此请“康济”兵船大老爷台电。七月初七日，北洋船坞库房具。

15.廿九日发罗稷臣[4]信

（光绪十年闰五月廿九日　1884.7.21）

稷臣仁兄大人如手：

前琅总查及鲍察带同各洋管轮赴津，惟时帆缆教习嘉格蒙以中法和战未定，雅欲矫同照旧供差，弟亦爱其勤干，故留旅防，今彼闻边事日紧，

---

〔1〕文瑞，字芝轩，时任天津大沽船坞总办。

〔2〕格林炮，即加特林机关炮，Gatling gun。

〔3〕此为北洋船坞对办理丁汝昌交办事宜的回复，作为附件粘附在该信处以备查询。本卷档案中，仅此一例。

〔4〕罗丰禄，字稷臣，时任北洋海防营务处。

且以身为英国水师官，未便在船，拟赴津暂避，而又不忍素餐，兹特令其恭诣台麾，其人枪炮、帆缆致用之法均称洞悉，伏祈执事暂为安置，或送水师学堂襄教生徒，或送“镇”船暂住，均望酌其宜可，而委置焉为幸。倘时局即芟敉定，自当仍饬回船。设事有迁延，渠謪欲回国，即祈转知支应局，将该员薪水截至销差之日止，概照发给。前以各西员乞退，所有应领薪水数目及有无川资等费，已移知支应局，届时祈询明核办可也。

再，前饬来学生张彦泰，业经派赴“超勇”学习各技。顷间，忽硁硁乞退，志决计坚，难以挽留，已予其船票，搭船赴烟，再趁商船南下。特此附。

16.六月初七发桐侯〔1〕、鞠人〔2〕要信

（光绪十年六月初七日 1884.7.28）

“镇海”到旅防，接桐侯、鞠人寄牍，均各阅悉。连日子药等件当可领到，尤要迅速分拨到船为要，所需煤吨递各装足，薪饷一节，前附去致支应局函一件，知已收到，届时可持函去领，不致有缺用之虑。现防务日形吃紧，一旦临事，恃枪炮为战守之资。今在旅各船，每日上午操大小各炮，下午登岸操枪，逐日一船轮流打靶。执事等四船分防在远，除出口巡防外，逢在港内驻泊，须随时操炮打枪，多一日功夫，增一番纯熟，其各勉旃！旅防“镇”、快等船，自水线以上悉油瓦灰色，舢板及舱面呈露各件亦油与船身一色，使敌人不易窥见，仰亦照办为要。倘有事，夜时灯光必须掩

〔1〕叶祖珪，字桐侯，时任北洋水师“镇边”舰管带。

〔2〕黄建勋，字菊人，此处作鞠人，时任北洋水师“镇西”舰管带。

蔽。执事既明水师纪律，处常、处变，均宜格外细心。是为至嘱！

“镇西”二管轮遗缺，当此用人之际，自应遴员推补，既称管油林云卿堪以胜任，即准照升补。所有递遗各缺，俟选派停当，即行汇报。“镇”船洋管轮既已销差，机器舱从事诸人尤须格外加意经理，倘有差误，外人贻笑不浅。务望随时饬告，奋勉将事。果从此而日起有功，不再藉重西人，水师共图自立，何幸如斯耶！

天津有何闻见，及各船迩日如何操作，均望随时遇便告我，俾免悬切为盼者！

17. 又发德税务司[1]信

（光绪十年六月初七日　1884.7.28）

迳复者：

辱承明教，纫感无极。法事决裂，战祸方兴，南北海防岌岌有不可终日之势，法若连樯北寇，敝军实首撄其锋。旅顺炮台，尊意谓最不足恃，则水陆相辅之策，尤当思力争上游，执事于我军虚实，洞若观火，借箸而筹，动中窍要，钦佩之至。

旅顺现在情形，炮台既有增筑，士卒群思敌忾，法纵卷甲而来，讵能操必胜之算？惟仆驽下不材，谬率水军驻防口内，船寡质薄，要不能争雄海上，然以数十年国家豢养之身，随一、二老成将帅之后，后有援师，前临大敌，励我兵士，整我炮械，尚足以背水一战，万不致不战而先示人以怯也。抑更有说者，用兵之道，未言战，先言守；既能守，即能战，战守

---

〔1〕Detring，汉名德璀琳，英国人，时任津海关税务司。有时被写作德崔林。

可恃，人事略尽，则又熟审夫天时、地理，以随机而应变。来书请将最坚固之船驻扎口外以作炮台先声，用意极是，然旅顺山皆北峙，北风浪平，南风水涌，时际炎令，东南风多，是黄金山前不能下碇，固天时、地理所限，而不可以常理测者也。现惟日派船在海面二、三十里之遥巡弋瞭望，以防敌之乘隙而来。口内各船留火以待，无警则分队以勤操练，有警则列阵而就指挥，如是而已。

汉随员〔1〕精明勇敢，在所延各西员上素所佩服，凡有可以会商之事，无不随时就商。适奉傅相手谕，亦以此为嘱，敢不遵办？执事明决爽直，其时有以匡所不逮，则感荷良深矣。专此布复。

18. 又发芝轩〔2〕信

（光绪十年六月初七日 1884.7.28）

芝轩仁兄大人麾下：

"镇海"来，奉到逮笺，并"康济""超勇"所需天窗、铁镯等件，均已如数收讫，感荷之至，辰惟起居康胜，匡略并宣，至为颂慰。此间防务吃紧，深沟高垒，专待撕杀，水陆诸军，一闻寇警，人人有同仇敌忾之心，众志成城，或犹可以背水一战。然弟之举动，则惟出以慎重二字而已。津、沽必有要闻，便轮过境，尚望赐我片言，是为至盼！又各船前托代制、代购之件，亦望随时觅便妥寄为叩。

---

〔1〕汉随员，指原德国陆军军官汉纳根Constantin von Hanneken，当时随丁汝昌在旅顺办理防务。

〔2〕文瑞，字芝轩，时任天津大沽船坞总办。

19.又发次韩[1]信

（光绪十年六月初七日 1884.7.28）

次韩仁仲观察大人阁下：

前月既望，"超""扬""康""威"请领备用药弹，曾肃寸缄，专足驰递，当恳献夫观察转达台右，谅邀赐察。差回得东局函，并交局中现有之件先发给数种，余者云即赶办。今防务吃紧，各项需用孔亟，用将前次请领药弹一折，照缮附呈查核，并已发、未发者均注明折内，乞即转致东局，将未经发给各项从速制就，并祈阁下饬探有船来旅，即行寄下为祷。

再，前饬"镇东"林管带领来各项药弹，惟格林炮子误领哈乞开斯[2]枪子，理宜缴换，嗣以旅顺水雷营需此枪子，当即发给应用，一转移之，免得彼此又费周折，今仍祈将格林炮子核发一万颗。又马铁里[3]枪子前领不过火者居多，今闻新购者已到，亦祈发给两万粒。统希设法早日寄下，俾资有济。万祷，万祷！

旅顺药库存储药弹一节，于去冬曾禀蒙傅相转行各局预为制办运解来旅，以备不时之需，果于彼时陆续存储，刻下庶不致如斯迫切。烽烟日逼，武库不充，焦思无补，可为奈何！爱我者自当有以教之。旅顺水陆险要区，逐日均设防范。兄迂踈寡效，窃幸与二、三老成朝夕从事，是程是式，期无陨越，则幸甚焉。数行敬恳，不尽覼缕。

---

〔1〕张席珍，字次韩，时任天津军械局总办。

〔2〕哈乞开斯，即Hotchkiss，此处指哈乞开斯步枪。

〔3〕马铁里，即马梯尼·亨利步枪Martini-Henry。

20. 十一日发许豫生信

（光绪十年六月十一日　1884.8.1）

豫生仁兄大人阁下：

“扬威”返旅，奉到逮笺，欣慰可量。承办东洋可介子煤一节，敝军原只须贰百余吨，因现有开平、金山等煤足敷应用，而可介子煤不过偶时搀用而已。来书云已饬装四、五百吨，似嫌太多，届时或工程局可以收买，当为设法销去也。法人有悔祸之心，比日海氛稍靖，大局或可无碍。沪江消息良便，得有要闻，尚乞惠告一、二，俾新耳目为盼！

21. 又发献夫[1]信

（光绪十年六月十一日　1884.8.1）

献夫观察大人阁下：

本年闰五月十六日开折函请贵局核发各项军火内，有两快船二十五吨大炮轻装外国炮药共一百二十响，每响重一百四十磅，现准军械所附运到旅，外国炮药共重一万四千磅，业经照数收讫，惟各船大炮轻、重装炮药，向系由贵局按照西法装袋发给，缘各船未能自办也。兹只发来炮药，且无药袋，不能应用，焦灼万分，故特专函奉达，务望速装“超”“扬”两船大炮轻装外国炮药共一百二十响，饬由“镇海”附运来旅，并再添发“中”“东”两炮船大炮轻装外国炮药共二十响，重装外国炮药共四十响，

〔1〕刘汝翼，字献夫，时任天津军械局委员。

一并运旅，至为要紧。如贵局及天津各处均无外国炮药分拨装配，即请将轻、重各药袋照数配齐，饬派妥匠携带捆药袋之带子、药袋内木管并装药各样应用家具，速来旅顺装配，是所拜祷。事关军需紧急，务乞鼎力设法，速赐核办。专候回示，不胜盼切！

再，前开领军火折内，有未发来者，如有若干，亦望附来为幸。

22.十六日发方道台[1]信

（光绪十年六月十六日　1884.8.6）

右民仁兄观察大人阁下：

“泰安”来旅，奉赐示，敬悉一是。近谂荩画懋昭，硕筹广运，风前翘首，钦颔奚如。

弟于月之望日与子九观察乘“扬威”巡视辽海，径抵大连湾，复超乘便走金州，诣吊筱帅[2]，并晤松亭军门[3]。据云，“泰安”此次由朝鲜旋役，所有驻东三营有应行来金人员，及各要信物未及带来，胥甚焦盼。今庆军需船孔急，“海镜”尚未北来，不得不令“泰安”一行，暂资转运。请且即着该船赴金，到后或赴烟台，或往朝鲜，已函致松亭审度办理也。特此谨达。

---

〔1〕方汝翼，字右铭，时任二品衔东海关道。也作“右民”。

〔2〕庆军统领吴长庆，字筱轩，时尊称筱帅。

〔3〕庆军将领黄仕林，字松亭。

23.致支应局

（光绪十年六月十六日　1884.8.6）

伯华[1]、云湄[2]仁兄观察大人阁下：

（叙近事）[3]

再，敞军“边”“南”“西”“北”四船分戍桑乾，现需饷项，应即发给。惟敞处积日购发应用各项，曾随时抽款垫付，未及报领，一时难以周折。昨曾寄书驻沽“镇”船，拟先请贵局挪借湘平银四千两，由该船持函走领，暂行分用，俟时局稍定，当即派员赴律汇报历垫各款，届时即请查照扣销，免得此时别增一番周折。叨发之处，容后面谢。肃恳。即请台安。

教弟丁汝昌书。

24.七月初三发船坞芝轩[4]信

（光绪十年七月初三日　1884.8.23）

芝轩仁兄大人麾下：

上届“镇海”去津，促发一笺，度早邀英盼矣。辰维筹猷绥裕，动定吉祥，至以为颂。廼者，“湄云”因公赴津，道经沽上，所有各船制领项下可以发给者，望就便饬交该管带载运来旅，并望分别给予发票，统寄敞处

〔1〕朱福荣，字伯华，时任海防支应局委员。

〔2〕胡燏棻，字芸楣，时任海防支应局委员。“芸楣”，有时亦被写作“云湄”“云梅”等。

〔3〕原文如此，乃抄录者之省笔。

〔4〕文瑞，字芝轩，时任天津大沽船坞总办。

转发。其各船收单，亦留敝处转收、寄呈。因各船办事漠不经心，每有错忤岐出之处，似此则较有归束，而稽考亦无疏漏也。比日台事不审有无再举，正宜趁其援师未集，极水陆之精锐，聚而歼旃，卓见以为然否？专肃。敬请勋安。

25.刀［初］三日致“镇西”炮船信

（光绪十年七月初三日　1884.8.23）

菊人[1]、子安大兄大人阁下：

“普济”来旅，得手书，知前由“镇海”寄去一笺，已经收到。并知“西”“北”大炮经葛果德验后，吴军门复带同两船出口演放，惟“镇北”炮管内以微有药锈，尚未验确有无改券，俟以橡皮器具验明后，仰即详细确报为属。第两炮此次既经放至，虽可迁就应用，终非完璧，俟后再遇放时，均须格外小心，每次放过，须即验视，不可玩忽，要紧，要紧！

葛果德檄饬“镇”船照料轮机，望即转饬沽、塘两处驻船，均须随时照料，不得专驻一船偷安希逸，此船上官弁人等无事时应当作有事想，则操练一切自可努力加奋，船身内外及水手衣履宜洁净壮观，免贻人非笑，滋物议也。

迩日旅顺各船，每日上午操炮，下午操演后抽暇端枪架，一昨已监视各船次第打枪一周，中者均行施奖，其大离奇者，并亦加责。其驻沽、塘各船，宜逐日演端枪架，并应照章登岸操演。俟后各船会齐，既当合操较验，分别奖责也。旅顺近拟号令，凡大沽、北塘驻船，应行照办者，已饬

〔1〕黄建勋，字菊人，时任北洋水师“镇西”舰管带。

陈恩焘随时抄寄矣。

煤饷各册，前已函嘱造报，想能克日完竣，便中速为寄下是盼。月之二十后，拟派支发处赴津报领各款，须将各册汇总核对，乃得起行。所有应行造报册藉，宜先期寄到。要！要！琴轩〔1〕、桐侯不另致函，将通行各节抄知照办可也。

26. 又发支应局信

（光绪十年七月初三日　1884.8.23）

云湄〔2〕、伯华〔3〕仁兄观察大人阁下：

前奉傅相檄开兵部议奏船政请裁减轮船薪费各节，饬商同贵局详细具复核奏等因，旋准咨函下询，惟时以防务突紧，在在均须筹备，未及拟复。兹查上年船政大臣张奏行裁减轮船名额薪费一案，业经核实裁定，并从去岁十月分一律改支，已申咨在案，此次再四核拟，实无可变通裁减之处。伏祈贵局查照复文咨商各节，是否可行，请即核夺、转详是荷。祇复。敬请台安。余惟赐照不既。

---

〔1〕李和，字琴轩，时任北洋水师“镇南”舰管带。

〔2〕胡燏棻，字芸楣，时任海防支应局委员。

〔3〕朱福荣，字伯华，时任海防支应局委员。

27. “镇西”七月初九日自旅顺寄

（光绪十年七月初九日　1884.8.29）

菊人[1]、子安大兄大人阁下：

“镇海”到旅，接到六月二十八及本月六、七等日所寄各函，并洋、汉文单及灯旗、号折，均各收阅。饷项每船千金，共四千金，知已领出。续领火药，既经执事等屡次禀催，庶可克日发给。各船布置及操演各技，员弁等既有志报国，各事尽心错置，自无不当。现南中已显开兵端，在防之人须将临阵对垒排场，时时悬诸心目，似此断不致有疏虞之患也。

四“镇”会操后，“西”“北”大炮放后，逐验旧日惊缝，未尝有增，将就开放，自无不可。惟葛果德所称，“镇西”之炮或再遇药力太猛，缝痕成为一周，而炮更为坚固等语，信口胡说，如梦如呓，未闻有物日增疵累而转为足恃者乎！幸不可以其盲语滋惑，祈时仍须照前小心为要。

旗经号既经罗大人颁示，执事亦将船上当用各号抄呈，至虑进攻开炮与否，尚无准令，此亦均为要紧之事，望即禀商罗大人，应如何办理，谅无不示告也。船前铁桅杆恐临时被伤碍事，所论不为无见，望执事酌度。倘北洋军耗紧急，即禀商吴、罗大人，就近指示办理。闽中事[2]，津中当已闻确信，不赘述也。煤册造成，即觅便转觅[3]威海。此复。即询筹安。不尽缕缕。

林卿云既于十一日补该船二管轮缺，应照造报之册办理，无庸更易也。

---

〔1〕黄建勋，字菊人，时任北洋水师“镇西”舰管带。

〔2〕闽中事，指当年8月23日发生的中法马江之战。

〔3〕此“觅”字，疑为衍字。

28. 十一日又发文报局黄花农[1]信

（光绪十年七月十一日　1884.8.31）

花农仁兄大人阁下：

防务倥偬，久未修候，缅怀英范，时切驰思。近维奕劳卓著，动定增绥为颂。

兹恳者：外有寄江海关邵观察公文一件、旗书一箱，交“镇海”送呈尊处，便中祈附寄沪上为荷。此恳。敬请升安。

再启者：前奉傅相札饬，由贵局定购开平五槽煤一千吨，当即运送到烟，以便水师随时领用。前月“超”“扬”两船已由烟台装得二百吨，后由“普济”运到旅防一百四十吨。一昨烟局陈敬亭兄函述执事来函云，除前两次装运三百四十吨外，其余之煤即由贵局径运旅顺，良甚妥协。现时变在旦夕，更祈设法速运前来，以资储备。是所至祷。

29. 二十一日发大沽船坞信

（光绪十年七月廿一日　1884.9.10）

芝轩[2]仁兄大人阁下：

前琅总查曾开具洋单，呈请贵坞代制半截船式两个，并配桅缆等件，以备弁勇随时讲习，易于晓畅各件部位及应如何安置结束等事，曩由贵坞

〔1〕黄建筦，字花农，有时也作“华农”，时任职轮船招商局。

〔2〕文瑞，字芝轩，时任天津大沽船坞总办。

领到者仅船式两具，所有应用零件均未发交，祈即查照前开洋单逐件制就，遇便寄下。是为至祷。手此。敬请勋安。

外，附呈“镇东、中”两船收单，祈察收是幸。

30. 二十八日发伯华〔1〕、云梅〔2〕信

（光绪十年七月廿八日　1884.9.17）

伯华、云梅观察大人阁下：

远隔英晖，时殷葵篆，近维勋祉咸亨，至以为颂。

敝军上年由贵局借领购备军米湘平银一万两，咨明于本年分四季扣缴，春、夏两季业经扣湘平银五千两在案。所有本年秋、冬两季应扣缴湘平银五千两，因现在军务紧急，添购军米存储需款甚钜，拟请尊处缓至明年春间再行核扣，以免缺乏掣肘。务乞俯准，并令严委员到贵局面陈一切。手此，奉达。

〔1〕朱福荣，字伯华，时任海防支应局委员。

〔2〕胡燏棻，字芸楣，时任海防支应局委员。

31.八月初一日发制造局次韩[1]信

（光绪十年八月初一日　1884.9.19）

次韩仁仲观察大人执事：

“镇海”来旅，带到毛瑟枪[2]一百杆，当即如数收讫，惟该枪仅有光枪，所有抢头、插刀、皮带、子盒等各零件，均属乌有，万祈设法即行赐寄，俾归有用为叩。又此间所领毛瑟枪亦已不少，惟尚需备用法条，能寄一百条最妙。风声日紧，远仗良筹，翘瞻海云，如鹤之跂。肃此。

32.初五发山东巡抚[3]信

（光绪十年八月初五日　1884.9.23）

敬禀者：窃总兵久托仁屏，未有叩谒，日前闻宪节临驻烟台，始得以巡洋之役，鼓轮南发，随父老而识旌旗，行辕躬叩，如小草之依大树，教诲亲承，仰戴庆幸，非言可喻。回旅后，部署水师船、垒各事，又越旬日。正拟据禀，藉达孺忱，乃蒙训函远锡，倍承眷注，祇奉之下，感铭无似。伏念大人，匡时韩范，名世皋夔，拥节钺以专征，卜其猷之克壮，挽银河而洗甲，定迅扫夫妖氛，翘首鹰扬，夔足而舞。旅防水陆各军，日夕严备，同力御侮，法若连樯北寇，群思背城借一。所有临敌机宜，军情缓急，惟恃韬钤指示，俾共祇遵。兹附呈华文北洋海疆全图一卷，似尚足以寓目，

〔1〕张席珍，字次韩，时任天津军械局总办。

〔2〕毛瑟，即Mauser步枪。

〔3〕时任山东巡抚为陈士杰（字隽丞）。

尤祈察纳。谨此复禀。恭请勋绥，并叩节禧。统祈垂鉴。

丁汝昌谨禀。

计呈地图一件。

33.初十日发张次韩〔1〕信

（光绪十年八月初十日 1884.9.28）

次韩仁仲大人阁下：

昨由贵局批交“泰安”解到弹、引等件，均照单验收，与原数相符。惟查此次蒙发各项，尚须配领数种，方足以资施放，不然，用时致邻偏废。兹将核定配领各件，另缮清折随并，即祈核发，遇有便船速行批解来旅为叩。再，前允惠拨格林、糯等飞〔2〕等炮，便中亦祈一并饬寄，尤为翘盼。前发批单及敝处收单各一纸，一并附呈。敬望赐察。

再启者：贡言笺久待发，适“利运”来旅，奉两翰均敬读悉。毛瑟佩带及钩簧等件共计两箱业收到，惟刀头未蒙发下，查水师所领毛瑟等枪均配有刀头，遇事可期相辅并用，此次仍祈执事饬配毛瑟刀头百支，遇船寄下为祷。蒙发格林炮四尊并轮架等件，已给“康济”“威远”两船分领应用。一俟贵局船架配发后，再行将此次所收轮架等件移交旅顺军械库收存。“利运”即欲起碇，客日再补送公文寄请备案也。糯等飞俟由宁局拨到，敢祈遇便饬寄。祇复。

再，毛瑟枪皮腰带点后缺少一根，祈便中补发寄下外，原批解单及收

---

〔1〕张席珍，字次韩，时任天津军械局总办。

〔2〕糯等飞，即Nordenfelt机关炮，又译诺登飞、诺典费尔德等。

单各一纸，祈察纳。又，格林炮批、收单各一纸，亦祈察入为盼。

34. 十六日发黄华农[1]信

（光绪十年八月十六日　1884.10.4）

华农仁兄大人阁下：

昨由烟台寄一笺并文信，想察入为之转递，顷间“利运”到旅，奉手示，藉悉近祉，增绥为颂。承示“利运”此次运饷船价一节，现以未奉定章，不悉应如何付给。来函谓将有公牍前来，一俟接到，应若何给报，再为函告也。开平煤吨，前屡次函请设法速运到旅，今奉相檄责以拖沓。今尊处业奉相檄，务祈格外费神，设法遄运旅防，是为至祷。手此祇复。敬请升安。

35. 二十五日发招商局黄华农[2]信

（光绪十年八月廿五日 1884.10.13）

华农仁兄大人阁下：

“利运”到旅，奉手书，敬悉前沕一函并公文等件业蒙察照饬送，感甚，感甚！

此次运到开平五槽煤四百吨，已照收。卸煤袋计五千七百条，合上

〔1〕黄建莞，字花农，有时也作“华农”，时任职轮船招商局。

〔2〕黄建筦，字花农，有时也作“华农”，时任职轮船招商局。

次“普济”存旅煤袋二千三百五十二条，两共八千零五十二条，本拟齐行寄去，只以人少日促，未及尽行倾倒。兹特点检空袋四千个先行奉缴，余候下次运煤之便再携寄也。至前者水脚一节，由津至旅运饷并搭坐共银一百三十两，及由旅至营口购水师应用各件，并搭坐银二十三两一钱五分，共应付行平银一百五十三两一钱五分，均交“利运”账房先生收楚矣。诸多费心，实深铭感。复请升安。

36.又发船坞芝轩〔1〕信

（光绪十年八月廿五日　1884.10.13）

芝轩仁兄大人阁下：

前敝友马君来津，曾上书一通，附“扬威”请制炮耳铁箍木式，并“超”“扬”“中”“东”请领包护水力机铁皮及螺丝钉各单，谅邀青眼，迩经芪履，绥和为颂，兹复寄呈“扬威”二十五吨炮所用进退铜水门图式木样，祈惠饬照造两个，以供急需，以速为妙。再，“镇中”春季进坞，请领未蒙发给之三十五尺长水龙软管一条，及三十五吨炮用黑白棕洗炮刷各一个，并“扬威”炮耳铁箍，四船铁皮螺丝钉，以及在旅各船请领未发各项，查有造成者，均祈遇船寄下。当兹多事之秋，贵坞制造知必日繁，第所开各件，果非刻下急需，断不再三渎请，应恳饬催，均行赶办齐楚，从速发下，免临时有误也。所有发单均望汇寄弟处，再行转发各船，不致或有差池是祷。

近闽中叠传电音，法人复据基隆、淡水等处，继又有分艘北来之说，

〔1〕文瑞，字芝轩，时任天津大沽船坞总办。

未知是否侜张？倘有确闻，更祈笔及惠示为盼。

再，“海镜”九月初来津，所领各件，当乘此便着人走取。

37.九月初二日发船坞信

（光绪十年九月初二日　1884.10.20）

芝轩[1]仁兄大人阁下；

上月廿五日交“利运”寄呈一笺，并“扬威”炮机铜门木式，当邀省鉴。迩经勋履，绥畅为颂。兹复有恳者，顷接“海镜”柯管驾申称，该船历次损坏各件，开单呈请修换，当饬洋员往查，将万不可缓之件先准咨办，并将机舱内件应如何修换情形，开具洋文一纸，又另开通准各项华文折一扣，送请贵坞派员查勘，俯照办理。所有折内各项，能即予修领者，请赐询该船，在津差竣共花几日？即尽其时日，先将要件饬工赶办。至一时未能凑手者，亦祈速饬造购，俟该船再游沽上，到时即可兴办，殊甚简便。寒信日紧，不月余将冰泮，若由敝处先禀傅相，一经周折，恐有延误，幸所领修各件，经剔后所剩无多，请即由尊处办理、禀报，自无不可也。前历领待发各件，有业经造购者，祈并检交去弁王游击带下是祷。此恳。敬颂勋安。

〔1〕文瑞，字芝轩，时任天津大沽船坞总办。

38.初四日发"镇西"信

（光绪十年九月初四日 1884.10.22）

菊人[1]、子安仁兄大人阁下：

"利运"到旅，接初一日寄发之函，备知种种。"扬威"炮机图式业附函内寄船坞总办，望即饬往坞会商，从速赶办寄来为要，葛果德用煤一节，较定每月一炉应烧若干煤，造册时写明葛果德烘火用可也，不可任其信意乱烧，致蹈应糜之咎。至船（舟皮）拟用铁环挂锚练护船一节，据称美国曾用此法，寻译是说，多增一层自稍资保重，第未审船身转动尚能是否照旧灵便，此节亦宜筹及，望执事等加意审夺，倘于战事果实有裨，即行领圈照办可也。亦须禀商罗、吴两军门为嘱。

东局新制火药，既经王少卿拦阻，未能以船炮试放，想彼亦深以为此药不足恃也。第未审炮台之炮以此药放后，究竟较前所制之药奚若，烟色是否黑重，放后仍否挂膛，坐劲较前稍杀否？望探明告我。所置水雷、旱雷，览图均了悉，颇为周密，马江口有此布置，法人断不能逞志无忌也。三等水手遗缺，张文悦倘足胜任，即准照补，从九月初一日起支。其练勇当饬"威远"拨给，遇有兵轮去津，即令前去。各船进坞应办各事，须均谨慎办理，日后守冻亦须照常认真操练。船之内外及官弁水手人等，均宜整齐洁净。想执事共事有年，即分防两地，当无不加倍勤谨，共务时艰，副我素望焉。此复。即颂。

秋季饷项赶速造齐寄旅为要。又及，抄电已收到，日后尚望汇寄，以资较对。

---

〔1〕黄建勋，字菊人，时任北洋水师"镇西"舰管带。

39.又发招商局信

（光绪十年九月初四日　1884.10.22）

华农[1]仁兄大人阁下：

“利运”到旅，奉手示，藉悉前缴煤袋四千个、并水师搭人运物水脚一并收讫，付寄文信均照单点收，分别存送。煤二百吨，并亦照收。附去煤袋四千零五十二个，含前缴四千个，共八千零五十二个。“普济”“利运”前两次存旅煤袋，一律缴清。此次两千四百袋，容下次“利运”来旅再携寄也。手此，敬复。

40.初五日发天津关道信

（光绪十年九月初五日　1884.10.23）

杏荪[2]仁兄观察大人阁下：

上月十三日曾肃一笺，当邀青眼。旋于念八日奉大咨，“普”“利”两艘运费各条均祗悉。惟查章内四条所载，各局所总办、委员免收水脚，从人亦分别免收等语。伏查水师平日搭船，曾照七折水脚历给在案，兹当多事之秋，往来事益较多，且该两船既为兵驳，则水师人员搭坐，似应亦照局所一律办理。第以“普”“利”船章系由尊处核定，故特函商，可否水师人员搭船一同局所免收水脚，倘荷俯允，祈即知照该管人员，日后得以照

〔1〕黄建笎，字花农，有时也作“华农”，时任职轮船招商局。

〔2〕盛宣怀，字杏荪，署津海关道。

行，俾昭平允是幸。手此敬商。祗请台安。

41.初六日发船坞信

（光绪十年九月初六日　1884.10.24）

芝轩[1]仁兄大人阁下：

初二日“海镜”赴津，曾饬王游击寄呈一笺，并“扬威”锚练孔木式一个，谅邀青照。“康济”请制大舢板，计当做成，并祈将篷索、桨篙及桨叉并所有应用各件一并配齐，饬校妥贴，统交“海镜”带来是祷。专此祗恳。即颂台安，不具。

42.初七日发“操江”信

（光绪十年九月初七日　1884.10.25）

孝明[2]大兄大人阁下：

昨得大沽来信，知“操江”已禀定为“镇”船后路，甚是稳妥。前日锦州、榆关之役，想已旋返，此时北洋风涛颇厉，往来海上总宜格外留神为嘱。顷袁营务处拟调“操江”范升福前来察看，倘可留用，当有公事续至也。兹特望先嘱该二副，赶紧附“海镜”来旅。至二副一缺，则请暂为留住，恐不合式，仍当令其珠还也。专此，即颂。

---

〔1〕文瑞，字芝轩，时任天津大沽船坞总办。

〔2〕黄裳吉，字孝明，时任北洋水师“操江”舰管带。

43.十二日发船坞信

（光绪十年九月十二日　1884.10.30）

芝轩[1]老哥大人如握：

前由轮便连贡两笺，当邀大鉴。“超”“扬”“中”“东”所领包护水力机各件，除由“镇海”解到诸项外，据各管带禀称，尚须请领数种方可够用，并开单前来。兹复汇开清折一扣，并洋文单二纸，即祈饬造，统交“镇海”下次来旅之便寄来是祷。此颂勋安不尽。

44.九月二十九日发龚观察[2]信

（光绪十年九月廿九日　1884.11.16）

仰蘧仁兄观察大人阁下：

远隔豸辉，时深钦挹。只以军事倥偬，久疏修候，歉仄何似，迩维荩画丕昭，纡筹有备，奏肤在即，蕲颂维殷。

法逆猖蹶，为天地所不容，深愿合队南征，刃此犬羊之众，上酬国家豢养之恩。傅相以北洋师艘分防各口，遇事调置均关紧要，兼以德提督万里城前来报效，斯员亦甚有机谋。故此次“超”“扬”南行，令其督同林、邓两管带[3]前往会哨，合谋进剿。第该二船须先在沪祥生厂油刮船底，傅相嘱，恳阁下就近代为照料。船上万不可少之件方许修换，必须仅船油底时

〔1〕文瑞，字芝轩，时任天津大沽船坞总办。

〔2〕龚照瑗，字仰蘧，时为江苏候补道。

〔3〕指时任北洋水师“超勇”“扬威”舰管带林泰曾、邓世昌。

日办理完竣，一经出坞，即可开行。所有进坞一切经费，由该厂开交两管带会详弟处禀行支应局，由银号汇寄该厂清款。特此奉布，伏冀关垂，心感曷似，容后图谢，此肃敬恳。祗请台安。

45.又发吴军门[1]信

（光绪十年九月廿九日　1884.11.16）

徵三仁兄军门大人麾下：

军事旁午，日昃不遑，久未修候，兼道渴慕，南望旌麾，钦钦在抱。敬维伟略匡时，张军戡乱，即听铙唱，曷既鼓长钦。

法逆猖蹶，为神人所不容，深愿与君偕作，刃此犬羊之众，上酬国家豢养之恩。月之望前，奉相檄赴津禀商抽拨师艘若何，与贵军会哨南行之事，适德提督万里城来华，既面傅相，闻“超”“扬”两船克日南征，彼坚请畀任，带同林、邓二管驾前赴南洋合队，相机会剿。时傅相以弟南行，北洋各艘易生手主持，恐有未协，正裁夺间，见万提督输诚效命，遂仍饬弟坚防旅顺，俾水师有所归束。第当多事，株守一隅，未能振臂前驱，同事疆场，殊自愤愤。然傅相筹思至再，知必计出万全，惟有摩厉以须，敬俟后命。兹者“超”“扬”南来，该管驾等从军海上虽已有年，阅事不多，达变恐非所长。故傅相谆嘱万提督，一切机宜令者其随时指示，并谕转恳麾下维持共济，凡于大局有裨之举，尽可彼此参商，合志为行，庶可以少胜多，副各宪力济时艰之至意。在弟素叨厚爱，谊等同胞，今者合师为一，谅无不关垂于格外也。倚槊布肌，不尽覙缕。

〔1〕吴安康，字徵三，时为南洋水师统领。

李与帅，祈代道下悃，叩荩履。不另具肃。

46. 又发德崔林[1]信

（光绪十年九月廿九日　1884.11.16）

迳复者，顷“镇海”来，奉到手书，敬悉琅总查前托由海关造册处代印之兵船每季报单计十四种，既经印就，运津存关，请即饬交便轮带来旅顺。倘无便轮，可暂存尊处，俟明春冰津当走领也。专此，即请台安。

再启者；“超勇”西管轮拜列亚昨由津附“镇海”回旅，请辞差，[2]业与言明薪水截至西历十一月底止，嗣后无须再由贵处代领薪水矣。该西员本自上海招募而来，当与言定除办差截支薪水之外，毫无别项回费、船价、半俸等各种瓜葛。望乞察照。

---

〔1〕Detring，汉名德璀琳，英国人，时任津海关税务司。

〔2〕李鸿章札德璀琳（光绪十年十月初七日）：为札饬事，据统领北洋水师丁镇禀称，“超勇”西管轮拜列亚，忽面求销差，辞甚决裂。该西员既胆怯，不愿随行，则勉强留用亦属无益，当即令附“镇海”去津，其薪水言明于西十一月底截止，并已函知津海关德税司，嗣后无须再为该员代领薪水矣。该员本由上海招募而来，现在既离水师，除截止薪水之外，概无须给予回国川资及一应船价赏项、各种外费，等情前来。除批准外，合行札饬。札到，该税司即便遵照办理。此札。札津海关德税务司札。

47. 十月十二日发船坞信

（光绪十年十月十二日　1884.11.29）

芝轩[1]仁兄大人执事：

"威远"来沽，接香林[2]观察来旅。该船尚有急需各件请领，开折前来，查各件均系前咨领在案未蒙发给者，刻下当已制楚，敬祈饬该管人员查齐给领。倘仍有未现成应购各件，即祈于上海老顺记购买停妥，并函致该铺寄至烟台合顺转运来旅应用。封河在即，此一变通，免有濡滞。沽口四船递进泥坞，倘有万难从缓应行修配各件，尚祈准其照办。至各船应行备用各项，冬令贵处事倘制闲，似亦不妨饬匠预制何如？手此，敬恳。

48. 又发侦探委员信

（光绪十年十月十二日　1884.11.29）

藻芬仁兄大人如见：

顷接来函，得悉种种。惟阅马封用采办煤务关防，殊为诧异。执事既充烟台侦探之差，则煤矿自应禀请妥人权代，是关防仅能用之于煤窑，其于侦探毫无关系明矣。今竟公然印用，殊觉非妄。袁观察遇招摇辈每深恶而痛绝，此举被彼闻知，无不禀撤，贻荐者羞，纵属末节，深恐于执事终身事并多窒碍。第是关防系中堂所颁，抑系执事自镌者，别处探报尚有印

---

〔1〕文瑞，字芝轩，时任天津大沽船坞总办。

〔2〕即刘含芳，字芗林。

用者否？望字知，俾免悬系。俟后执事果有意充此侦探之差，无论发何处文件，从此万不可用。要紧，要紧！切托，切托！手此，即复。

49.廿一日发大沽船坞信

（光绪十年十月廿一日　1884.12.8）

芝轩〔1〕老哥大人如握：

“普济”到旅，奉惠笺。至前贡一言并折均邀察及。折开各件业蒙检取，可即代购之件，函知上海顺记照寄合顺转交，一俟收到，当即折报。至螺丝拿、小轮遮浪布围、尖圆头铁镜三项，容俟明春面告再为制办，免得尺寸不谱，致有差池。冬令旅防各船倘有急需之件可以函购者，当即遵示开寄叶成忠兄代办可也，此次寄来铁镜一个，当交“威远”管带，据称虽较重十磅，尚可迁就应用，业饬照领矣。台事寂然无闻，料我军尚可撑抵，若法逆得稍逞志，早煽惑闻听矣。敝洋严防如昔，一切尚平适。附告。复颂。

50.廿三日发黄花农〔2〕信

（光绪十年十月廿三日　1884.12.10）

花农仁兄大人阁下：

前于役津门，值驾游申浦，未获承颜，一罄积抱为歉。适昨“利运”

〔1〕文瑞，字芝轩，时任天津大沽船坞总办。

〔2〕黄建筦，字花农，有时也作“华农”，时任职轮船招商局。

来旅，奉手翰，得悉元旋津郡，想动定增绥，勋劳卓著，定如所颂。查兵驳历次运旅之煤，头几次吨数颇足，前此两次磅卸时即稍有欠缺，只以所少无多，或搬运薄有洒漏亦未可知，故未以琐琐者又淆清听。此次“利运”解到之煤，照原批三百三十七吨，除“利运”留用五十吨外，尚应有二百八十七吨，据收煤委员来称，在船连磅数十包，与原报之数均短至十余磅之多，似此不得匿以不告，候将舱洒磅煤收出，综数合计所短若干后，再祈布。先泐布复。敬请升安。

㧑谦不敢当，幸勿再施。

51.十一月初五日发方道台〔1〕信

（光绪十年十一月初五日　1884.12.21）

右铭仁哥观察大人阁下：

“海镜”来，两奉笔简，悉前贡言上邀珠记。黄县沈石一节，仰承加颜如请，俾公有济。微特子九观察铭感不已，即弟亦深佩明公之宿诺也。兹子九观察复以拨款事，委弟介言，商请惠加旋斡。昨者傅相批由贵关拨银三万两归工程应用，牛司马〔2〕东来，先领到一万两，以工程现需孔急，津河又冱，冬内用项重恃贵关。然亦知一时未易周转，接踵走领，似邻唐突。拟稍事从容，冀可从绰筹注。蒙加爱，故复冒陈，当不斥我越俎。馈琅威理件，承饬购将去，感甚。兹遣人至合顺购件，望示值，即由合顺照缴可也。百汇公司事，奉嘱后，旅泊之船经弟面语，后闻该公司陈际唐亲走冲

〔1〕方汝翼，字右铭，时任二品衔东海关道。

〔2〕即牛昶昞，字心斋，时在办理海防基地建设。

算，当已清结。津中船已函催速办，至款目有无差池，我辈无从昭晰，惟一任经手人自相核结耳。侦探马委员接事后，耳其妄诞，已非一次，本拟札撤，现电报已通，冗虽可汰，已令卸委。倘再干谒，可饬隶人摈斥之，防其别生枝节。幸甚，幸甚！琐事渎聪，恍罪曷似？

“超”“扬”两船已由南来，即日带同“威远”连樯东发。吴清帅乘“海晏”拟由榆关起节赴朝鲜，急在排解，不佞庶有拊循，亦可稍轻肩任。知念附陈。东军后路接济，胥赖箸筹，素赋同袍，不喋喋也。此复。祗请台安。

敬再启：前由烟台新大号购定可介煤数百吨，今旅防需煤甚迫，已嘱该号俞巨川装运六百吨来旅，祈饬关员届时验放是荷。再叩勋绥。

52.又发伯华〔1〕信

（光绪十年十一月初五日　1884.12.21）

伯华仁兄观察大人阁下：

前于役津门，匆匆一晤，未容畅陈衷曲，旋即东来。到防后，戎务倥偬，久未修书，一候起居，歉仄曷似，近维荩筹聿著、勋履延庥为颂。

承属敝军各船领用及兵驳运旅招商局开平煤吨，昨各船及煤厂始将今岁至冬十月止，共领收数目核报前来。兹呈清折两扣，祈查照是幸。惟查“利运”十月二十日末批运来三百三十七吨内，过磅后计短十吨有零，已函知招商局来春便运照补，以符今岁收煤款目。折内仍照原数开具，俾免零星，一俟补足，再函告也。南圉干戈未弭，东藩倭又生心。今奉相檄，带

〔1〕朱福荣，字伯华，时任海防支应局委员。

同“威”“超”“扬”三船东渡，俟清帅至后，随同排解。今晚即由旅开行，倚装布肌，不尽覼缕。

53.又致方右民[1]再启

（光绪十年十一月初五日　1884.12.21）

陈状书就未缄，适“利运”到，奉惠示，并赠琅物单及回刺，均收讫，谢谢！输值共槽平银四十九两五钱二分，乘便寄缴，祈察收。朝鲜起乱颠末，吴孝廷来函述极详，兹摘要录出寄呈省鉴。“泰安”到旅后，据李都戎云，锅炉有疵，刻下正在修理，约尚须旬余工夫方可蒇事。弟今夜即督艘东发，行李倥偬，笔难尽意，倚装禀复，余惟心照不宣。

54.又（致黄花农）[2]

（光绪十年十一月初五日　1884.12.21）

花农仁兄大人阁下：

前月廿三日寄呈一笺，谅邀青眼，近维升履延庥为颂。

“利运”尾批运到之煤，经收煤委员公同该船提包面磅，共计短十吨一千二百九十五磅，请转知矿局，明春有船来旅，查照补足，以符今岁收煤款目。外附去公同过磅清单一纸，仰乞查收为荷。外文函共口件，尚

〔1〕方汝翼，字右铭，时任二品衔东海关道。

〔2〕黄建筦，字花农，有时也作“华农”，时任职轮船招商局。

冀费神饬送是叩。南圉干（戈）[1]未戢，东藩倭又生心，今奉相檄，带领“威”“超”“扬”三艘东渡，俟清帅至，随同调处，今晚即起碇开行。倚装布达。即颂升安。

光绪十一年正月廿日“扬威”交船坞请领各件清折。外，洋信一封。

计开：

新铜盖环一个，并红铜泡钉八分寸之三径、一寸二分长，三打。

贴士软垫绳，八分寸之三径，十五磅；半寸径，二十五磅；六分径，二十五磅；一寸径，三十磅；一寸半径，三十五磅。

铁螺丝栓，五分径、三寸二分长，六十个，螺丝饼全。

55.致袁观察[2]书（另改录在后）

（光绪十年　1884）

子久世叔观察大人麾下：

落灯风里，各自遄征，霓旌先一日抵沽，望尘莫及，我劳如何？满拟轻装趋津，叙谈各事，相电促发，仓卒回防，一腔欲言之隐，未由上达。从者或少滞津门，有一二事奉恳代为婉求相意俯准，实拜公赐。

谨陈如下：

壬午朝鲜保案随折略有数人，其余在事出力员弁都归续保案内，久经销搁。昨因庆军禀请，水师本归一案，遂亦率尔渎请，未得邀允，不免向隅。查两次援朝，幸定变迅速，不尔则水师先撄其锋，较陆军为尤险，然

〔1〕原文缺“戈”字。

〔2〕袁保龄，字子九，时任北洋海防营务处。

鄙意固不在此，不过借朝案以生发耳。实则以南洋暨闽、粤水师均有零星附保之案，独北洋自创设至今，非遇战场，难邀旷典。西例水师在海上三年得展一阶，在内港六年得升一级。现各船大、二、三副人等，在闽厂只得过军功奖札，迄今别无官阶者不只大半，并有已充管驾仍只五品军功者。平日勖励诸员弁作何语？至此而不能稍有所赏，何以振士气致死命乎？抑前奉相札，东局学生有保千总、把总者，此是破天荒，未到船学生，从未遇战，夫安居学堂，读书三数年，即得一官。而先由学生到水师，辛苦数年，反不如之，将来此等学生到船，水师官弁自惭形秽，何以督率之乎？况海运、河工、出洋、文报局之例保者，不知凡几，以此相较，更觉难乎为情矣。颇闻官弁聚语，现无功名，设赴敌阵亡，亦难邀恤典，听之令人噤不能声，心甚愿将我辈所得功名全行销去，而一一让诸此辈，以鼓励其志气。我辈老而无用，本无需此。而中国水师惟此一点根苗，似不得不略加宽待以兴起之也。此其一。

洋员之在水师，最得实益者，琅总查为第一，葛雷森次之。其人品亦以琅为最，平日认真训练，订定章程，与英国一例，曾无暇晷，即在吃饭之时，亦复心手互用，不肯少懈。去秋退处烟台，已经禀辞薪水，尚手订舢板操章，阅两月成书寄旅。此等心肠，后来者万不能逮。其不能助我打仗，实国法使之，其心可谅也。去冬濒离烟台时，贻示一书，略曰：水师已有一半功夫，未竟而去，耿耿此心有不能寝食者。若从此守住，则后来或可一线到底，若见异思迁，则前功尽弃，我深愿为中国出死力，奈国法不准，如中国能与我订立合同，常为中国水师之官弁，我所应得本国终身廉俸中国亦能认给，则我亦不难舍英趋中，冲锋陷阵，惟命是听，盖我有妻子儿女，胥恃此也。我今身虽去此，心常留此。我现已升总兵，带大船，英国所有新法无不细心留意，将来中国有用得着我处，尚可效劳。我非贪中国厚禄，实此一片心未竟厥功，常引以为憾耳。其书如此，其心可知。

然葛雷森业已优奖过，自无对不过他处。琅总查似尚缺然。如相意能念琅之勤挚，予以虚荣，并咨英政府称其勤能，是亦英国家之体面。将来海外之人投效中国者，定有一班才艺出众、名实相符之人。按琅亦深得各管驾、弁兵之心，于今尚时有去后之思，可验诸口碑。此又其一。

以上二事似不甚紧要，然关系在根本之地，且吾公素深知之。幸将此中情节默记，伺便婉求，造福造命两无穷矣。此叩勋安。诸乞明鉴。

56.致支应局朱观察[1]书

（光绪十年 1884）

伯华仁兄观察大人执事：

昨奉大咨，开杂支一项，历办成案，均不一律等语。查水师去冬杂支各款，惟暖水力机器油、酒、毡及加赏勇丁衣服、备做药袋洋布茧绸、通语号灯等，有增购者，有另添者，因与成案大有异同。第当有事之时，又值饷绌之际，用不得不节，防不敢稍疏，即此上述各端，固已力求撙节，即时论势，诚有不得不如此者，诚为执事详陈之：

向者水师逢冬各船萃住一处，去冬尚有四艘分泊沽口，所用油、酒转增数倍，不察事机，第律成案，不免疑信相参也。夫酒、油灌入水柜，所以防冻，冻则滞而不活，然非操炮则不必灌。按历冬每月操炮仅二、三次，故所用无多。去冬旅防无日不作临敌想，故炮机不得一时或滞，即油、酒亦须随时验加，机筒外露者尤须加护，故必裹以毡。若沾沾于必成案是符，设误一旦，上下交谪，咎奚以辞？且西员初意通注以油，核费不

〔1〕朱福荣，字伯华，时任海防支应局委员。

赀，复与在事研商，参酒合用，机幸无害，谓不节用，非所敢知。赏衣一节，以船及台了望、巡哨勇丁无论雪夜风天，不容稍有怠惰，若不薄加恤体，未足固其报效之诚。布绸之备，恐遇事药包用缺，而旅顺又无从购买，致误事机，不得不先事筹备也。号灯专为炮台与各船暗夜遇警通语而设，亦诚不可少之举。其余零星各件，多因防务吃紧增备者，似难以成案律也。

矧当时事多艰，自应共发天良，实事求是，又何忍稍涉浮靡耶？若洞察所及，或有未尽核实者，不妨抉而共证之。且水师应用各件，前屡面请傅相，在威在旅悉由子九、芗林两观察代为购发，未蒙允行。现军事不寝，日后应用各件恐有加于此时，弟甚愿引局外人肩承采办，贵处有娴于取材者，或由执事禀派，抑由弟处呈请，均所乐从。俾购、销推归一手，庶几担荷稍分，亦免滋物议，则受惠无穷矣。伏祈裁察。见示为幸。手此祗复，敬颂台安。余惟烛照不备。

57.致袁观察[1]书

（光绪十年　1884）

子久老叔观察大人青鉴：

渎恳者：洋员之在水师，其最得实益者，琅总查为第一，葛雷森次之。其人品亦以琅为最，平日认真训练，订定章程，心手互用，实无暇晷。去秋在烟台，已辞去薪水，尚手订舢板操章，阅两月成书寄旅。此等实心任事，难乎为继矣。临去烟时，贻示一书，有足令人深去后之思者，兹译其

〔1〕袁保龄，字子九，时任北洋海防营务处。

略曰：水师已有一半功夫，未竟而去，耿耿此心有不能寝食者。我深愿为中国出死力，奈国法不准。如中国能与我订立合同，常为中国水师之官弁，我所应得本国终身廉俸中国亦能认给，则我亦不难舍英趋华，冲锋陷阵，惟命是听。盖我有妻子儿女，胥恃此也。我今身虽去此，心实留此。现虽升总兵、带大船，英国所有新法无不细心留意，将来中国有用着我处，尚可报效。我非贪中国厚禄，实此一片心未竟厥功，辄引以为憾耳云云。葛雷森业已优奖过，自无对不过他处。琅总查似尚缺然者。如相意能念琅之勤挚，予以虚荣，并咨英政府称其勤能，是亦英之体面。将来必有才望杰出之人应募而来。按琅亦深得各管驾、弁兵之心，可验诸口碑。

再，水师朝鲜保案前已禀陈，奉批未准。汝昌窃思，自蒙相恩拨擢委任以来，毫无寸功，本不敢渎求及此，无奈此是从前之汇案。水陆原是一体，若不踵防军而力陈，无以服将士。中国水师譬如少年血气未定之时，宜赏罚提唱以作其气，而望其血气足用，为将来战斗之资。现在各船管驾、大副之中，五品功牌甚多，自设水师以来，未曾保奖，如外洋各国水师，在海上三年、在内港六年得展一阶之例。更有水师学生，三年学满已保千、把。他日所保学生皆须随此一班官弁操习、阅历，则学者职尊而教者、率者官卑矣，于事未甚妥便。望老叔设法婉转代为力陈，以鼓三军之气，是为至叩。日间惟望霓旌暨芗兄早回，汝昌拟请相准至大同江一视。盖马山口水师万不能恃为战守之地，亦设备亦无益处，港道四十余英里，设敌有船寄泊途间，我船即已梗阻。此意曾禀过博相，一旦朝日再有事故，则此着最为紧要，卓见当亦以为然。专此敬叩勋安。统希亮察。

58.致大沽船坞文总办[1]书

（光绪十年　1884）

芝轩仁兄大人麾下：

一昨小驻沽上，如飞蝗过境，辙累修年，感惭交并。

领港小火轮过后如何开发？心念大德，用敢承问。“镇海”比日当可出坞，祈先饬“中”“东”两船照章进坞油底。“中”“东”竣事，“西”“北”继之。“超勇”请制领各件，附去图、折，乞赐阅饬办，有便船来旅，并乞寄交带来。此叩勋安。

59.致方观察[2]书

（光绪十年　1884）

右铭仁兄观察大人如手：

“泰安”递到手毕，读悉。前“海镜”运到英煤六十吨，权较无差。此次“泰安”所解之八十吨，过磅收竟核缺四吨，盖照料人惰忽所致。“泰安”前借用敝军五槽煤八十吨，兹查该船可介煤颇厚，已令就近拨还，俾宽展地步，运煤庶可增装，且较另购五槽煤运还，不惟少费周折，即购值、脚价均多轻减。再，此次综定烟地存煤，某行某种若干吨数，均祈兄饬查示，以便酌夺某种应某处用，某种应某处存，豫筹储处，分别缓急，先后

---

〔1〕文瑞，字芝轩，时任天津大沽船坞总办。

〔2〕方汝翼，字右铭，时任二品衔东海关道。

装运。且遇师船出海时，亦得饬其纡至领装，实纫公谊。迩日酒泉郡中当益热闹，伯伦醉倒凡几，曾一效仲子食鶂状耶？吵吵倭议，近寂无闻，必多棘手。倘奉电音，当录寄也。手此，祗复。敬颂勋安。

【光绪十一年】

60.二月初十日致东局信

（光绪十一年二月初十日　1885.3.26）

兹恳者：旧岁六“镇”备用轮叶，曾呈样请贵局照制，刻下是否造成？望即示悉，以便忖度时日，遇便派员走领也。手此，敬恳。祗请勋安。

61.又致直隶藩台信

（光绪十一年二月初十日　1885.3.26）

心切瞻韩，踵殷效许，驭叶舟而浮海，书滞鱼消；坐薇省以行春，情殷鹤歧。敬维镇青仁兄方伯大人，承流宣化，节用爱民，彰表率以澄方，廉声久著；荷褒崇而沛泽，宠眷为光。指晋封圻，心孚长鼓。兹恳者：弟自补津镇，所有任内应领廉俸、马干等项，业蒙咨核见复并粘寄详稿，内开应照前任周军门[1]一律办理等因。惟某季应领若干，本营称前任均从行营咨领，无凭办理。拟请贵司饬科将本任每季应领各项数目抄寄一底，俾得

〔1〕周盛波，字海舲，原为天津镇总兵。

遵照备文请领，免有舛误。曷胜铭感！忝叨寅未，当不吝南针之指也。此肃敬恳。祗请台安。

62. 又致天津营务处书

（光绪十一年二月初十日　1885.3.26）

青甫观察大人麾下：

“扬威”旅防奉到速简，拜悉种种，就审起居曼福，勋猷卓越，捧颂奚似。

承示文得力希借汉纳根回费二千马一节，按此事原是式百龄一手经理，去冬文离旅赴沪时，仓卒不能领得回费，故向汉情商借垫给付，是存津之二千马应悉数偿汉为是。至式借给文之五十四两，是私下授受，与回费毫无干涉。不过，前者麾下电询文在旅有欠款否，式始称有五十四两之事。故当日汝昌即电复汉垫回费并式借零款也。今博郎以式有信关照而汉垫银先尚不知，遂在存津回费中扣银归式，则汉少银五十四两将于何处取偿耶？式与文同事，文回德仍在“定远”，式私款似应与文自相妥商归还。而存津之款交由式还汉，则解铃系铃均出一手，头绪较清。未审卓见以为何如？

再，汝昌自谬率水军以来，逋负累累，几至不成局面。去岁曾禀傅相，稍请与外洋各国兵舰酬应宴会之费，藉得稍苏鲋困，盖外洋水师固有是例，乃傅相大为呵责，惭恧至今，而支绌益甚。龚引生兄一节，只好俟来津再为面商。以执事爱我，故敢尽吐肺腑。幸垂察焉。

63. 十一日致方道台[1]信

（光绪十一年二月十一日　1885.3.27）

右铭老哥观察大人麾下：

“泰安”去烟，贡简一通，计当达到。此番由尊处定购煤吨，所有在旅起卸脚费，现仍派朱游击广胜经理，拟令随时开呈冰案查核发给，以便日后并案撤销，以归划一，当无不可。特此奉达。祗请勋安。

再，昨子九观察来调船之电并复电呈察。

再启者：顷“泰安”来，奉复示并煤目一单，均祗悉。解煤一节，以本地商船协同转运，可期遄速，深合鄙衷。垫款日后何处拨还，即时禀请，尚不为迟。其应如何办理之处，乞尊裁筹议，会敝衔出禀，自无不可，似无庸先电请示也，尊意以为何如？密记煤既运来旅，无论何处领用，自当饬员一体照料。奥斯大利亚煤四百一十吨拟统留烟台，备兵船便中陆续领装，兹“扬威”到烟，望先饬发一百六十吨，交该船领用是荷。此复。

64. 又致方观察[2]

（光绪十一年二月十一日　1885.3.27）

右铭老哥观察大人执事：

“扬威”来，接读复示，祗悉。拟购滋大之煤，惟密记一种业系留用，

---

〔1〕方汝翼，字右铭，时任二品衔东海关道。

〔2〕方汝翼，字右铭，时任二品衔东海关道。

“扬威”此行，改发英煤一百六十吨。该船原呈煤条蒙掷还，业收到勾销矣。第此次尊处业经购定之煤，除和记英煤一千零廿吨及滋大密记煤六百五十吨外，别项煤吨是否仍有议定购留者否？伏祈便中晰示为盼。“超勇”到烟，倘定购项内无别煤可发，即仍饬接英煤一百廿吨交该船领装可也。昨子九观察来电，谓望日乘“普济”东来。现“泰安”解煤尚未卸完，明日当可竣事，已电复子翁。倘仍须“泰安”去，候电来再饬往也。倭议无闻。复请台安，不尽。

65.周玉山〔1〕观察

（光绪十一年　1885）

玉山尊兄观察大人麾下：

昨者，袁观察子久归自津上，盛道执事推恩锡类之忱，高谊薄云，镂镌心板。惟水师先后学生到来甚众，若一榜卷赐及第，恐难邀相公首肯，兹特另纸开呈黄裳吉等五名，恳从优悉以千总赏保之。五人者一充管驾，四系大副，均闽厂调来，历年在海上辛苦不少，驾驶、操练迥出诸生上。得蒙培育，吹送青云，他日观感而兴者，且将蔚然而起，水师臻臻日上，莫非公赐。握管狂喜，夔足而舞。敬叩勋安。统希亮照，不傠。

〔1〕周馥，字玉山，时任天津道。

66. 方观察[1]

（光绪十一年 1885）

右铭老哥观察大人执事：

前随“超”“扬”寄呈一笺，计邀省鉴。兹该船回旅，奉肃简并禀稿，均读悉。草创讨论，备极周密，谨书行于尾，一者遵存，一者奉缴，祈察纳为荷。密记煤焦碎无油性，一吨仅能作半吨用，以发“海”“泰”，亦属迁就烧用，设非时势所逼，知执事断不购取。前议本齐运存旅，第念质既不佳，再加一层运脚，尊处益大不合算，不如将未运者仍存烟台，俾两船便就装用，并非弟必惮烦推诿，查此等煤质外国兵船断不取用，我又奚必更费运赀耶？管见所及，用质高明，未识以刍言为然否？倘如所陈，禀稿筹款购买下，即祈椽笔更易，缮发可也。南军乘胜克复谅山，薄海臣民无不闻声交庆，特将近奉电音缮阅，先睹为快，窃愿与执事共之。祗复。敬请台安。

再启者：顷复由芗老处送到复示，现购煤数均祗悉。兹“超勇”复领到英煤一百二十吨，其余三百吨有零，拟此次“海镜”由高至烟时，请转饬统装来旅。一俟和记煤全数收齐，再行将驳卸等费汇报送请核销。载颂台安。

---

〔1〕方汝翼，字右铭，时任二品衔东海关道。

67.致西友葛雷森[1]

（光绪十一年　1885）

敬启者：自分手后，曾寄信四五次，当均收到。从去岁下半年未得来信，时深想念。昨奉一书，知阁下已到上海，欣喜之至。前代购各物内，有数件无发单，故未报销，因此尊款未得找还，且此次阁下所开重领垫款大数不符，恐阁下忘记，俟晤面核对方可清楚。洋号一号款计洋一百四十四元，系光绪八年十二月间经阁下具领，同买洋毯各款一齐由支应局领出，望一查日记便知。再，去冬中堂商总税司，电约阁下来华。中堂并有公文前来，云阁下到北洋水师应办何事相宜，着昌议复。昌愿先与阁下面商再禀，方为妥贴，惟日盼大驾北来一见也。老太爷、老太太、令妹想均平安，念念。此复。顺候升安。

68.三月初二日致汉纳根[2]信

（光绪十一年三月初二日　1885.4.16）

迳启者：旅顺口门有浅处，潮落时兵船出进曾遭搁浅，想是当日漏未挖尽之故。去年经同琅总查面请足下到该处看验过，嗣或因天将寒冷，挖泥船一时未能奏功，现在春融，正可动手，尚望赶饬举办，实拜君德。专此，即请台安。

---

〔1〕Glayson，葛雷森，英国人，时为北洋水师总教习。

〔2〕Constantin von Hanneken，汉纳根，德国人，当时在旅顺办理防务。

69.上巳致右铭[1]书

（光绪十一年三月初三 1885.4.17）

“海镜”来旅，奉手毕，知前递电报及交呈禀稿，均邀青眼。密记煤冒进刍言，仰荷采纳，足徵彼此同心，钦佩曷似！“海镜”运来之煤尚未卸完，容收竣，当将前后解到和记英煤数目及驳费一并开折，送请察核。至不敷原定数目一节，该行既无煤可添，尊议拟于请销时声叙，颇为简便，届时即祈主裁办理。法事近有罢兵之议。兹将连日电音萃录一折，附陈台鉴。弟早拟出海操巡，以驻沽“镇”船应换旅防者今尚未到，候二船至，将各事布置停妥，约望前后可图良晤也。此复。敬请台安。

70.初五日发支应局信

（光绪十一年三月初五日 1885.4.19）

伯华[2]仁兄观察大人执事：

兹恳者：“威远”现在沽坞修理，该船应发饷项以迩日无兵船去津，此外又无妥便带寄，拟请贵局暂借拨湘平银二千两交该船来弁领取，所幸夏季薪饷届期不远，领时即请扣销，庶免此番周折，容当面谢。祗恳。敬请勋安。言不尽宣。

再启者：敝军各船领用及兵驳运旅开平煤，曾于客冬十一月五日将所

〔1〕方汝翼，字右铭，时任二品衔东海关道。

〔2〕朱福荣，字伯华，时任海防支应局委员。

收收目业开折送请查核，惟折内十月“利运”所解三百三十七吨一批，曾短十吨有零，经函告在案，兹“普济”来旅均照数补来，特此达布。伏祈查照核销。是叩台安。

71.又发招商局黄华农[1]信

（光绪十一年三月初五日　1885.4.19）

花农仁兄大人执事：

“普济”到，连披双鲤，知前寄包封业承饬送，感荷无量。矿局前短之煤，均照数收到，空包一百二十六个即交原船一并奉缴，至“利”“普”透用旅厂之开平煤，当附水师用煤册内一并报销，驳费已饬经管委员向守溪兄处走领归款。又“普”“利”在烟购用合顺及招商局可介、太格西两项煤吨，业经执事商明支应局，归水师照款拨还，俟遇便当寄付也。矿局单开去年存旅煤袋数目与旅厂簿记稍有差池，容核对明晰，随后开送清折，同时寄缴。先此奉达。复请升安。

---

〔1〕黄建笎，字花农，有时也作“华农”，时任职轮船招商局。

72.十一日发“威远”管带信

（光绪十一年三月十一日　1885.4.25）

益堂[1]仁兄大人如见：

“威远”水手空缺，亟宜由本船勇内按班推补齐全，其递遗三等水手空缺，即以四“镇”船头等练勇调补，“镇”船遗缺，即以“威远”二等练勇拔升，俟升调停妥，即行分晰开报前来。至二等练勇空缺，暂勿庸募，待归队后当由屯船拨往也。工程局黄守溪现请假赴津，彼久病不痊，拟令杨钟昂一疗，设彼来，请即饬往走视为要。此询近祉。

73.四月发吴统领[2]信

（光绪十一年四月　1885）

乐山仁兄大人麾下：

远隔雄辉，久疏鳞讯。江云渭树，载劳如何。近维柳幕夙薰，荩猷日盛，定如所颂。

弟十九日到津小住数日，昨复旋沽。法人求成，近闻约已议定。北洋师船久未合操，拟二、三日内带领“镇”船东驶，率同旅顺等艘巡视各口，藉温旧演诸阵。伏查“边”“南”火药尚存庙中，迩来日晒风燥，殊切悬系，闻贵营药库颇有隙地，拟将该两船火药移寄于内，既形妥贴，设遇

---

〔1〕方伯谦，字益堂，时任北洋水师“威远”舰管带。

〔2〕吴育仁，字乐山，淮军将领。

有事，仍可就近取用。除函商沅圃军门外，谨勒数行奉恳，伏祈惠饬照料，容图面谢。此颂勋安，不尽缕缕。

74.发唐统领〔1〕信

（光绪十一年四月 1885）

沅圃仁兄军门大人麾下：

昨在沽防，奉手教，祗悉。"边""南"住塘拆修，仰承照拂，心感良深。敬审柳幄迎薰，莨猷丕焕，式如所颂。弟十九日到津小住数日，昨复旋沽。近闻法衅胥弭，约事就成。北洋师船久未操巡，拟二、三日内带领"镇"船东驶，率同旅防等艘巡视各口，藉温旧演诸阵。伏查"边""南"火药存在庙中，且迩来日晒风燥，殊且悬系。闻乐兄储火药处颇为宏阔，拟将"边""南"火药附存于内，既较严密，设遇有事，仍可就近取用。兹派弁前来，如蒙允可，惠派数人帮同移置，则感无俟矣。此恳。敬叩勋安。

75.发水师营务处马信

（光绪十一年四月 1885）

汉卿仁兄大人阁下：

昨奉电示，祗悉一是。"操江"赴沪各节，兹拟大略，缕陈台听：

一、该船无须携带之件，拟存大沽栈房，留一队长、一水手，须随时

---

〔1〕唐仁廉，字沅圃，时任直隶通永镇总兵。

照料。火药存曜廷兄处。

一、汪管带赴沪监修，拟派“操江”二副带一水手头随往帮同照料。

一、“镇海”不时供差，拟派“操江”三副暂住该船，随时供差。

一、“操江”水手俟日内点名后，老弱者拟酌赏口粮遣去，精壮者仍随何管带驻“康济”操练，俟后或拨赴铁甲船，或仍归“操江”，较新募水手庶为得力。

一、“操江”饷项仍归何管带自行领发，裁出水手截旷，亦仍由该管带造册呈送银钱所查核。

以上各节，倘有未达帅听者，执事谒见时，便代陈之。此达。祗请台安。

76.发船坞文总办〔1〕信

（光绪十一年四月　1885）

芝轩仁兄大人阁下：

顷间在沽各“镇”船呈到本年春季由贵坞请领各项清折，详加披阅，其应归公费购买及旅顺备有存储者，该管带漫不加察，随意领取，一经报销，不免有干驳处也。往者以防务吃紧，曾谓零星小件遇有损坏而用之迫者，应准该管带自行备文请领，免得周折有误，今外衅就弭，似应循旧办理。俟后，各船除煤吨准由管带自行呈单请领外，所有船上应用各项，须经昌处核准，移照贵坞再行发给是幸。手此祗达。敬请台安。

〔1〕文瑞，字芝轩，时任天津大沽船坞总办。

77.发葛雷森[1]信

（光绪十一年四月卅日　1885.6.12）

敬启者：前请代购水师应用各件均陆续收讫，该价本拟早为寄还，惟查内有数件无发票者，且阁下重领应缴之款数与原案不符，是以达之未即举办。前寄阁下信中业详陈矣。兹奉复字，并将购件统数开单前来，惟重领之款与敝处开数是否相符未曾提及，而物价核归又未便再延时日。查单开物件与收数均尚符合，统计应折付规平银二千一百六十七两八钱零一厘，除双眼千里镜一枝应折规平银六十两，系马管带托购，俟交还再行寄送外，其余规平银二千一百零七两八钱零一厘，业禀陈傅相批准，由支应局拨交汇丰银行统寄尊处，倘迳日不至，请向该行催取照收可也。至重领之款，即祈详细逐查，应缴若干，望示复，以便核数多少。

再，酌恳代购千里镜等件，藉可清此款目，彼此相交数载，取信最深，款项交涉无不妥晰，第此重领款目与阁下面结后，未审又有何用去之处，并恳彻底查明见示，尤为盼切！

四月卅日发。

---

〔1〕Glayson，葛雷森，英国人，时为北洋水师总教习。

78.发船坞文总办[1]信

（光绪十一年　1885）

芝轩老哥大人如面：

水师各船前由贵坞领取煤吨，闻均持片走领，据此存案日久，恐有舛错，已饬各管带，俟后均宜备具钤领。并已领之煤，领字亦应逐补，送请备案。原呈片单，届时祈发回各船销去。特此奉达，伏祈查照施行为叩。

79.发周观察[2]信

（光绪十一年　1885）

玉山仁兄观察大人麾下：

顷奉手毕，祇悉种种，并感无量。“操江”事复据该管带面述尊意，水手人等须给减半薪水一节，弟固知如此办理方符定例，第随往监工及留者，或径赴“康济”随操练供差，既属如常，薪水似未便照减半发给。若将不去者通留大沽，在岸操练，照定例办理自无不可。惟“操江”水手历海有年，且铁甲舰来华，需人孔亟，似未便令其涣慢，俾资得用，伏祈酌采一是，会敝衔上禀傅相核夺办理。弟拟明日带艘东发，偏劳之处，知感容后图谢。第颂勋安，附叩午禧百益。

〔1〕文瑞，字芝轩，时任天津大沽船坞总办。

〔2〕周馥，字玉山，时任天津道。

80.五月初五日发周道台[1]信

（光绪十一年五月初五日　1885.6.17）

玉山仁兄观察大人阁下：

前奉电示，属令医生曹茂祥改归练船学习，当即传知该生遵照。旋据曹茂祥禀称，愿在旅防供差，不欲赴津各等语，业经电复执事在案。顷接来电，备悉一切，自应令该生乘便船到烟台，搭商船赴津听候驱策。该生每大建月薪水三十两，至本年六月分止，弟处已由支应局领来，现均发交该生携带到津，请查照面询，备案施行可也。专此奉达。即颂勋安。统希亮察，不尽。

81.又（致潘梅园）[2]

（光绪十一年五月初五日　1885.6.17）

梅园仁兄观察大人阁下：前系缆津门，秩聆清謦，并蒙甘旨盛陈，食德钦如，感快无量。弟抵沽后，以料量各船事件，复勾留致日，于初一日甫发棹东来，葵篷招凉，蒲觥竞爽，未得叨陪左右，怅也何如！过节后，即拟连樯放海操巡，藉观测辽阳一带各口，须尽兼旬，当可竣事。并有恳件，前者敝军“镇”船轮叶曾呈样请贵局照制，春间奉献夫观察示及，业经做成。拟下次“镇”船进坞时领换试用，伏祈饬该管人预为备齐，以便

〔1〕周馥，字玉山，时任天津道。

〔2〕潘骏德，字梅园，时任天津机器局总办。

届时走领也。祗谢。敬颂台安。附叩午鳌百益。

82.初六日发汉纳根〔1〕信

（光绪十一年五月初六日　1885.6.18）

迳启者：前存尊处快船电光灯，望转知职是西员，统为修理洁整。此番巡海归来，拟即仍携来船安配应用，缘日后须不时周流海上，是物良不可少耳。特此预恳。即颂升安。

83.初七日发刘道台〔2〕信

（光绪十一年五月初七日　1885.6.19）

芗林观察仁兄大人阁下：

接奉华章，谨聆一是。敝厂于三月间，代收尊处由津运来之开平五槽煤，实数一百九十二吨半，除阁下先后四次共借五槽煤一百二十四吨，又可介子煤十五吨，二共一百三十九吨外，敝厂仍存尊处五槽煤五十三吨半。用以复闻。肃此。敬请勋安。

〔1〕Constantin von Hanneken，汉纳根，德国人，当时在旅顺办理防务。

〔2〕刘含芳，字芗林，时任北洋前敌营务处。

84.六月初一日发

（光绪十一年六月初一日 1885.7.12）

郁珊[1]仁兄观察大人阁下：

顷奉赐笺，并调派医学生往复文函综折，均敬读悉，足徵执事刻意于事前，自不轻移于事后，钦佩曷似！该生来船当差，藉资历练，较于他处似多获益。故前次曹生乞留之请，弗忍拂也。今执事仍宗前议，饬三生结侣偕来，执事既曲意成全，昌胡不乐于踵事乎？第驻东庆军撤防在即，当遵相示前往照料，而此次请巡北洋各口，尚有未历之区，逆计两举，微一月工夫不能蒇事回威，望饬知该生等，于六月底至烟探听船泊之区，自易前来。至该生薪水一节，曹生前已有在案，在船当差，薪水自可照章接领。周、何二生其薪水改归水师领发之处，应请咨明支应局存案，敝处亦望赐一公牍，以凭照办是幸。昌刻到之［芝］罘装煤，两三日即可东发。知会附陈。手此敬复。

85.初十日发芰南[2]观察信（在高丽发）

（光绪十一年六月初十日 1885.7.21）

芰南仁兄观察大人阁下：

昨晚南霞山[3]乘“扬威”至，晤后渠即赴王京。“图南”“利运”两艘今

〔1〕即周馥，字玉山，时任天津道。有时被写作“郁山”“郁珊”。

〔2〕陈树棠，字芰南，时任总办朝鲜各口交涉商务委员。

〔3〕南廷哲，字霞山，时任朝鲜户曹参判。

晨亦至，“利运”顷已进口，接奉相示当即遵照办理，先同庆军到旅，转即赴津。明日令“扬威”驶至仁川驻泊，藉探消息。庆军去后，所有王城内外情形，是否别有动静？均祈随时详示，寄交“扬威”转递是幸。此次原拟至汉城一走，相谕促归，只得遄速西发。容事竣东来，再图良晤。外将相示照录一纸，附呈秘察，详告云养〔1〕知之，俾洞颠末，免凭应揣索，益重枢忧也。外人不可轻告，机事不密则害成，祈加意为叩。手此，代躬办行。祗请荩安不尽。

【光绪十二年】

86.（致周郁山）〔2〕

（光绪十二年四月初七日　1886.5.10）

郁山仁兄观察大人阁下：

上月廿八由沽带同八艘东发，且操且行，廿九到旅顺。初一由旅顺开往大连湾，逐日合操水阵。初五开回旅顺，初六日晨合旅岸炮台及敝军合操，各船均口门外海面设靶，按炮演放。竣事即西渡，顷已抵沙外，一切均属平顺，差慰远怀。

旅顺布置情形，子九观察有函详达台右。鱼雷阵图，濒行向芗林兄索取，未蒙掷下。想画竣即在旅顺装表，亦未可知。敝军前由甘、陈誊去阵图，当已由执事会同稷臣监视绘装停妥，纫感良深。第此图册系由执事统

〔1〕金允植，号云养，时任朝鲜外务督办。

〔2〕周馥，字玉山，时任天津道。原稿无标题，括号内为编者补写，下同。

数代呈傅相，抑系仍发交敝军分进之处，敬望裁酌示知，俾得遵行。

现以醇邸临阅在迩，所有在沽内外各船，一切应备事件并添装煤斤等事，须亲监视，赶早齐料停妥，俾接差时得以从容将事，庶免陨越。惟事重绪繁，非亲过心目不释于怀。连日贱躯又陡冷陡热，得将要差支持完竣，不蹈丛脞，剩幸甚也。现拟暂不赴津，候王毂莅止敝军。应行仪节及一切事宜，凡卓见所及者，均恳随时先行见示。载祷载感！再，学生考语，容差竣详核奉覆。手此，即颂台绥。

乡小弟丁汝昌顿首。四月初七。

87.（致罗稷臣）〔1〕

（光绪十二年四月初七日　1886.5.10）

稷臣仁仲大人如手：

上月念八由沽率艘东发，由旅而大连湾，会操数日。顷抵沙外，一切均托平敉，足慰绮存。前由甘、陈二公誊去阵图，想已由执事会同郁翁监视绘裱停妥，纫感良深。第此图册系由执事与郁翁代呈傅相，抑系由敝处分进之处，祈商得郁翁见示为叩。所绘阵图，前曾恳除应呈定数外，再多绘一分，寄敝处备考，当蒙允办装竣，祈即掷下为荷。其工料价目，统望笔告。乐童请代制号衣，做成即请点交去弁带回，价值一并见示。再，前会衔遣留德员，禀移各稿底，乞亦捡交，乘便携下，以便转行。醇邸临阅在即，所有各船应备各件，非亲过心目不释于怀，刻不暇赴津，所有敝军接差应行各节，凡卓见所及者，敢祈随时示知，盼切，感切！此颂台绥。

〔1〕罗丰禄，字稷臣，时任北洋海防营务处。

小兄汝昌顿首。初七。

88.（致文芝轩）[1]

（光绪十二年四月十一日　1886.5.14）

芝轩老哥大人阁下：

兹“镇远”请领小轮船锅炉用英尺一寸零十六分寸之五径小烟管、缉漏家伙一副，又舱面煤舱铁盖二个，又打铁炉风箱嘴壹个。附该船呈绘各图，即祈饬照制发为叩。此颂勋安。

小弟汝昌顿首。四月十一日。

89.（致文芝轩）[2]

（光绪十二年四月十四日　1886.5.17）

芝轩老哥大人如面：

顷据“操江”王管带面称，前琅威理与郁山观察、德税司曾议将该船添设房间，倘郁翁及德司业与执事言及，祈即饬添装为叩。手此，即颂勋安。

小弟汝昌顿首。四月十四。

---

〔1〕文瑞，字芝轩，时任天津大沽船坞总办。

〔2〕文瑞，字芝轩，时任天津大沽船坞总办。

90.致琅总查[1]

（光绪十二年四月廿二日　1886.5.25）

迳启者：昨在船面定各管驾回船、阁下即来津等语，顷已将各情面禀中堂，谕及转告阁下，现以王爷在津事忙，未能商议各事，请阁下于中历四月二十八九等日来津，得以消停妥议应办各事。各船主候送王爷起节后，即行回船。各船应添煤吨数目，俟该各船具领前来。祈饬各船派妥人到坞过磅，已与船坞言明矣。煤送到船，更望费神招呼，令其从速装卸。再后，有要紧事件，自当随时书告。兹派差官来船取应用各件，乘便驰布。即颂升安。

丁汝昌顿首。四月廿二日。

91.致张次韩[2]

（光绪十二年五月初四日　1886.6.5）

日来事绪并会，深拟与君作竟日之谈而不可得，怅也何如！恳者：昨奉中堂面谕，日后敝军各船打靶宜勤，用子较多。俟后凡操，通用中国子弹，留洋制之弹以备不时之需等因。伏查各船东局制弹本属无多，局中是否均有存储，未能尽悉。敢请执事函致东局查照。各船等炮中，惟“定”“镇”“济”三舰尤为要紧，除已经制有存储外，设有某炮未曾制弹

〔1〕Lang William M，琅威理，英国人，时为北洋水师总教习，尊称为总查。

〔2〕张席珍，字次韩，时任天津军械局总办。

者，即请速饬照造，以备届时领用。此颂台安。

小兄丁汝昌顿首。五月初四日。

92.致袁慰廷[1]

（光绪十二年五月十一日 1886.6.12）

昨奉逮简，振笔宏奖，自惟凉德，鲜实以副，且读且恧。惠示各节，足徵洞察时局，既深且远。眼高于顶，心细如发，复圣闻一知十之程，不图足下已可跂及之也。甚羡，甚佩！醇邸阅操，一切幸免陨越，差慰远怀。

“威远”昨来电，水手多疾，已禀蒙博相准，饬“西”“北”两镇东来更替，一经抵仁，即乞速饬“威远”内渡，以便将前拨应差弁勇，令其回船当差，俾免旷误。惟“西”“北”两船，力小质薄，难膺巨任，此行住仁，第能为贵署在海口稍壮声势。若以跑差，恐途中遇风，无大船以左右之，致遭不测。愿明公加意体察焉。为幸！弟前以从差十余日，积件甚繁，刻便赶紧清结。夏秋之交，或可东渡一晤。手此，敬覆。祗请勋安。附叩午厘。

世小弟丁汝昌顿首。五月十一。

〔1〕袁世凯，字慰廷，时为中国驻朝通商事务总办。

93.致黄星池"海镜"新管带

（光绪十二年五月十三日　1886.6.14）

顷准津海关道周[1]由德律风言及，闽抚刘电催"海镜"速先开赴长江裕溪口候遣，属昌传知等因。惟行船以煤足为要，倘须上煤多少，即具领送交船坞，克日运装。再，拟于何日开行。务由电请津关道周示遵办，要要。即颂时祺。

汝昌顿首。五月十三。

94.致文芝轩[2]

（光绪十二年五月十四日　1886.6.15）

"海镜"急须赴南，无煤难行。该船饷既发至六月底止，煤似亦可发给。望发给二百吨，令该船具领速即运送，俾免留滞是叩，此颂痊安。

小弟汝昌顿首。十四。

---

〔1〕指时任津海关道周馥。

〔2〕文瑞，字芝轩，时任天津大沽船坞总办。

95.致芗林〔1〕

（光绪十二年五月十五日　1886.6.16）

顷据“镇远”林管带面称，该船吊雷艇木架铁夹伤损，未能合用。请贵局代制一个，以便从速起艇。

外，单并样附上，即祈饬工赶制应用是叩。即颂台安。

乡小弟丁汝昌顿首。十五。

96.致罗稷臣〔2〕

（光绪十二年五月十九日　1886.6.20）

德医智伯登现请销差回国，该弁到津，即乞查照合同，将应赏一月薪水及川费并额饷，应于何日截止，请主稿会敝衔禀请傅相查核，由尊处算给开发。

再，该医前领转饬宝星札今晨缴回，应可注销，祈于会禀中附陈是叩。

三舰公费会禀事如何？奉批候办孔急。前两次电询，来蒙赐复，而该船非奉的示，总未敢开手筹办。窃恐时日太久，必多误事。其禀批可否之处，速望示知，俾照饬也。翘盼万万！此恳。即颂台安。

如小兄汝昌顿首。五月十九。

---

〔1〕刘含芳，字芗林，时任北洋前敌营务处。

〔2〕罗丰禄，字稷臣，时任北洋海防营务处。

97.复周郁山[1]

（光绪十二年五月廿二日　1886.6.23）

昨于之罘[2]舟次，奉逮简，敬承一是。大沽海神庙经阁下倡劝重新，今复立碣镌名，期传不朽。尤足征有善必彰，慎终如始之至意。钦佩曷似！兹遵将敝军各船前捐五百银数分晰开折，呈乞察饬办理为感。明日由威走胶州，倚装祗复。敬请台安。

乡小弟丁汝昌顿首。五月廿二。

外清折。

98.致德税司[3]

（光绪十二年五月廿二日　1886.6.23）

迳啟者：津门别后，在沽小住即东来。中途于旅防勾当公事，停桡数日。昨者由之罘达威。翼日仍须带领各艘去胶州察测港道，相去日远。相思得弗增剧耶？敝军“定”“镇”急须筹备进坞，前执事云香港有坞，曾允电商，刻下计当得有回电。可否之处，希即遄告，递交烟台新关存交，俾可早为定夺，免致临时瞻顾有误。是盼！手此敬恳。敬颂升安。

名另具。五月廿二。

---

〔1〕周馥，字玉山，时任天津道。

〔2〕之罘即芝罘，代指山东烟台，下同。

〔3〕Detring，汉名德璀琳，英国人，时任津海关税务司。有时被写作德崔林。

99.致罗稷臣[1]

（光绪十二年五月廿二日　1886.6.28）

月之十九日在烟台贡德医销差一书，计达签室。兹恳者："定""镇"两舰须速筹备进坞。前合执事暨郁山观察会电眉叔，妥商祥生厂是否出据能保该两船入坞无碍一节，刻下曾接回电与否？得有确信，方可豫为定夺，免届时瞻顾有误，倘仍未来复电，仍祈从速电催，能否之处，必须一言为定。即乞遄示，递交烟台文报局转交。盼切之至！

再，前由尊处代办乐童号衣及装潢阵图各款，以准执事函叙，需款前曾挪付，刻下当蒙会禀领出。日内津中恐有用款，祈存备，届需时当另有函走领也。手此先达。敬颂台绥。

如小兄丁汝昌顿首。五月廿二日。

日昨由烟抵威，翼日即带领各艘赴胶州，附陈。

100.致周郁山[2]

（光绪十二年五月廿三日　1886.6.24）

顷奉电示，祥生厂事当即电复，谅邀青瞩。伏念祥生厂坞初次承入此等巨舰，所可虑者坞基质弱，设有不测，患即匪鲜。设该厂诚有把握，允以此两铁舰制价保险，自可照办。外附琅威理所议一纸。祈译阅。

---

〔1〕罗丰禄，字稷臣，时任北洋海防营务处。

〔2〕周馥，字玉山，时任天津道。

小弟汝昌顿首。廿三日。

101.致刘芗林[1]

（光绪十二年六月初八日 1886.7.9）

威海一别，南北帆飞。君登群玉之巅，环肥在掌；我取劳山之道，岛瘦同情。两境相形，得而艳且妒耶？执事总理海陆等军军械事宜，昨已奉到相檄，当武备修明之际，得明公手挈要纲，从兹敹敿之事日精，而军士之气益作，侧身北望，倾庆无量！

弟昨由胶州到威，以勾当各事稍作停顿。今抵烟台装添煤斤，一经至齐，即带同各艘巡阅勾丽东鄙一带口岸。此恳者：昨据福来舍请领鱼雷应用家伙等件，并经琅威理开具洋单前来。兹并附呈。即乞查照饬造，交"镇中"寄下是荷。此达。敬请台安。

东役内旋，再趋旅防点交敝军各械。面贺荣喜。

乡小弟丁汝昌顿首。六月初八日。

外，洋文单一纸。再，鱼雷大副张国庆来旅养病，病愈应留何处，容面商。又及。

---

〔1〕刘含芳，字芗林，时任北洋前敌营务处。

102.致德璀琳[1]

（光绪十二年六月初八日　1886.7.9）

迳复者：昨奉答章，谓香港坞尚须改造坞底、龙骨等事，当即会商琅公威理，据云彼已知该坞不能入此巨舰。舰图似亦未便轻与人看，只得暂作罢论。特此奉复。敬颂升祺。

名正具。六月初八。

103.致文芝轩[2]

（光绪十二年六月初八日　1886.7.9）

兹恳者："康济"现作为专练水手之船，其应添操用各件，昨已开折前来。兹特照录清单，即乞查照饬办。一经齐备，遇有便船，务恳饬交随带前来是祷。即颂台安。

如弟丁汝昌顿首。六月初八日。

外，清单一纸。

---

〔1〕Detring，汉名德璀琳，英国人，时任津海关税务司。有时被写作德崔林。

〔2〕文瑞，字芝轩，时任天津大沽船坞总办。

104.致潘粟园[1]

（光绪十二年六月初八日　1886.7.9）

“康济”练船现以阿摩士庄新购十二磅子炮应用，素常炸弹缺乏，恳请制备一千颗。惟查此项炸弹，船已无存，特捡此炮所用子母弹一颗，请饬照子母弹圆径制素常炸弹壹千颗，以备领放。惟弹系初造，先乞告知该管人，暂制二三颗寄下一试。合用与否，奉报后再行照领数齐造也。再，“镇中”“边”三寸一分径十三磅子炮，亦请制素常炮子一千一百五十颗。查此项炮弹，贵局现有存储者，不另送样。即祈饬照速制。何时齐竣，仍望见示，以便备具领字往取。

再，前贵局为“镇”船所铸轮叶，春间“镇中”入坞时，业经换试，与原有一切均甚相同。奉闻。

再，敝军副统琅威理另有函致贵局洋员斯觉尔，请制水勇操练刀十八把，何时造成？示知当再备领查取。此颂台安。

教弟丁汝昌顿首。六月初八日。

105.致吕庭芷[2]

（光绪十二年六月初八日　1886.7.9）

昨奉大牍并鳞笺，均敬读悉。贵堂派出学生出海练习鱼雷，属抽船渡

〔1〕即潘骏德，字梅园，时为天津机器局总办。

〔2〕吕耀斗，字庭芷，时为天津水师学堂总办。

载，俾该生等历各口演试，足徵启迪多方，使臻实践。当即商同琅成理拨派“镇中”前来，泊近船坞左右，恭候指挥遣示。一经事竣，乞即饬该船回防是幸。此颂台安。

教弟丁汝昌顿首。六月初八。

106.致袁子九〔1〕

（光绪十二年六月初八日　1886.7.9）

前商局运煤驳卸等款，业属朱广胜赶向该局索取，照归尊款。以前曾议有定章，凡商运送水师各口煤斤均包上，惟杂费均归彼自行发报。刻下已否寄来？念！念！搬运军械一项，已发交朱广胜，照奉主计之案，当蒙核纳。此颂台安。

世小侄丁汝昌顿首。六月初八。

107.致文芝轩〔2〕

（光绪十二年六月十五日　1886.7.16）

昨由“镇中”寄呈一笺，当邀青及。启者：今春“定”“镇”“济”在沪添用各件，其大宗业由马眉叔一律办。嗣后“定”“镇”两舰又由义昌行续添零件，前曾面商该款由尊处领发该行，即作为敝处由贵坞领用，以

〔1〕袁保龄，字子九，时任北洋海防营务处。

〔2〕文瑞，字芝轩，时任天津大沽船坞总办。

期划一报销，当蒙核准。昨义昌函询此款，届来领时，即祈查照该行所执“定”“镇”两船收据，发给是幸。兹明日即东发，所有“康济”进坞应用大宗，具列所禀折内，其届时略添小宗，一时未能周及。除折开外，倘须添必不可少小件，仍祈酌发为叩。此颂台安。

如弟丁汝昌顿首。六月望。

108.致袁子九[1]观察

（光绪十二年六月十七日 1886.7.18）

“济远”来，奉复教，剖示各节，读之如雪亮胸次。勾丽[2]之行，以尊家小，既谓有俄船在永兴湾一带测量水道，中国亦宜有师艘前往一走，且将此意径达相聪，当已早奉行知。时以履勘胶州，不得不置此役于后也。昨于之罘舟次，又承相檄，吴清帅将由珲春抵海参崴，饬抽船往迓。拟东藩事竣，仍全队迂达该口，届有缺煤之船，即赴长崎装添，余艘均从使节内渡。修船一节，尚未执定也。

旅顺既为水师发轫之区，又极韬钤自出之地，聚星辉映则霄行熠耀，深愿常托余光，得有路皆昭，不迷所向。不谓役役踵接，请益虽殷，而离群动久，得弗悒然。澳坞之事，远承下问，当即缕述琅公，知彼意以一成不变关系匪浅，若必曲画参详，期无纰缪，亦诚如尊言非笔墨所能尽也。容东役蒇事，当急整归帆，趋承指导，藉以逐商一切。数行祗答。敬叩台绥。

世愚侄丁汝昌顿首。六月十七。

---

〔1〕袁保龄，字子九，时任北洋海防营务处。

〔2〕勾丽，即高丽，代指朝鲜，下同。

109.致刘芗林观察[1]复函

（光绪十二年六月十七日　1886.7.18）

“济远”来，奉赐复并子九观察码头议楮，均敬读悉。当即逐语琅公知照“济远”，到旅无论遇有何事，便留一二日奚不可者，况要公乎？弟属克日旋来，缘与沪行定煤约期装运，元山爽日必多饶舌。所幸迟仅一朝，驶稍加劲，当不致误。

水师学堂禀调船艇，区区一“镇”船讵能多增二十余人哉？公之雷艇百倍慎重，断不轻易假手于人。“镇中”之去，一以帅促之迫，一因有紧要公件须驰送耳，兼弟东行伊迩，不暇聒聒置论，然未发之鄙衷知必有隐合尊意之处。今得炯示，不爽毫厘，心印神交，则异域俨若一堂矣。

澳之南码头，琅云惟彼前议之处可筑以起煤。至起重码头或分或合，胥特期公与予九叔相地裁定耳。

敝军药弹等库，多系各船已领自存之件。经弟饬存者无多，已饬稽查处委员赶造清册，呈送其管库。是否应易，容面商办。此颂台安。

乡小弟丁汝昌顿首。六月十七。

外，子九叔原函附缴。

---

〔1〕刘含芳，字芗林，时任北洋前敌营务处。

110.禀清帅[1]

（光绪十二年六月廿四日　1886.7.25）

敬禀者：窃汝昌于本月初十日在烟台奉相电谕，及宪台勘界将竣，行由珲春起节赴海参崴，航海内渡，饬抽快船往接，并开钧示，已使领中国兵船赴崴游历等因。奉此，时总兵甫调集六艘，将有勾丽东部之行。当于十七日由威海展轮，二十日到釜山，二十二日到元山，测量永兴湾一带港道。定七月朔仍带六艘由元山赴崴恭迓星旆，藉资阅历，惟六船中有数艘须就近至长崎刮、油船底，并装添煤斤等事。宪台行期若近，当泊崴数日，藉效前驱，一并南发，过釜山后再分道而东。设起节尚有时日，拟抽"超""扬"两快船牢泊海参崴，听候钧命。则总兵到崴后，仅二三日测对港道，即留"超""扬"驻崴守候，其余四艘当先带赴长崎勾当一切。是否之处，伏候批示，饬速寄崴，以便遵照。恭叩节绥。

总兵汝昌禀。六月廿四日自元山中。

111.致袁慰廷[2]

（光绪十二年六月　1886.7）

三韩、东鄙之游，久蓄此念。然当事绪繁并之会，先其所后，要非始顾所及耳。乃羽书电示，一再相嬲，并告及星麾亦东指元山，意俄人必有

---

〔1〕清帅即吴大澂，字清卿，时在办理中俄勘界。

〔2〕袁世凯，字慰廷，时为中国驻朝通商事务总办。

骇人观听之事，公将托略地以为辞而辱密勿谋之不佞乎？不图征帆既张，复奉骀从不往元山之电。仆则中心不得，而行亦徒劳。蒙暑东来，将使我问诸水滨乎？白驹苗藿，溯切伊人，引领西倾，惟呼负负。弟于二十二日到元山，拟日内驶永兴湾测量港道，下月初一即开赴海参崴迓吴清帅内渡。走笔状怀，敬颂燕绥。

世小弟丁汝昌顿首。

外，寄津、沽两要电，祈即饬发为叩。

112.恳伯昂[1]代致长崎令函稿

（光绪十二年八月初五日　1886.9.2）

翼日将率船归去，长崎县不可无一书知照，敬恳转致云云，如下：师船寄泊此间，计将两旬有余，承照之处，得弗言感。明日本军门带船回国，所有十六日晚我弁兵被贵治捕、民等砍击死伤一事，当经彼此互验，两无异词，均已存案。昨我政府钦差，特派参赞并律师前来，与我领事会同执事诘判此案，原为慎重起见。两者曲直已昭在耳目，若以理论自易完结，在执事亦当一本大公平情剖事，在下有过不可文，而有司立论尤不可偏。夫是，则案可望速结，厉气于以消，邦交于以固，是在执事慎自图之耳。我勇伤不能行者，仍留此寄养，恳加照拂为盼。不日拟仍带在事各艘来崎，届时再面伸谢。走笔留上书，余意心印。右致崎令简略，祈酌裁代达为叩。即颂荩绥。

愚弟丁汝昌顿首。八月初五日。

---

〔1〕蔡轩，时为驻日本长崎领事。

113.致文芝轩[1]（文芝翁赴兖镇任改致高仲瀛）

（光绪十二年八月十三日　1886.9.10）

东行先于六月间连寄三笺，当邀青眼。弟月之六日由长崎起身，中途绕阅高丽南海两口，刻已到烟。敝军“西”“北”两艘久住东藩，船底苔蛎颇厚，兹特乘暇令其来沽刮垢、加油。其缺少断难从缓零件，祈查照所开准其添换。“镇北”并请换小烟管，查难迁就，已允照办。该二船工竣后犹须出海操巡，总期从速蒇之为叩。

又，“中”“边”两船来沽，祈饬照“东”“南”章程入泥坞存放。惟彼两船底亦须刷油，零星需件择要亦略准舔换，总期设遇需时，放出即可应用乃得。伏望格外分劳核夺办理。至祷！至祷！

（后叙长崎情形并贺节）[2]

八月十三。

114.致罗曜廷[3]

（光绪十二年八月十三日　1886.9.10）

兹恳者：敝军“中”“边”两船现入沽泥坞存放，所有宜慎军械均须移存岸上。惟火药一宗，机房未及存储，敢祈麾下于库中饬匀隙地，为我暂置。恃在知交，当不惮烦也。

---

〔1〕文瑞，字芝轩，时任天津大沽船坞总办。

〔2〕此为抄录者为省笔、并注明。

〔3〕罗荣光，字曜廷。

八月十三。

115.致周玉山[1]观察

（光绪十二年八月十五日 1886.9.12）

前在崎曾将倭捕与我寻衅各节缕陈一笺，由沪转寄，当邀聪省。弟于十二日到烟，以料理各船事，未能来津，然倭案中节节隐情，有必须面陈相听者，先为执事一详道之。担状师[2]称，此案据理质办当不能输。但望中堂、徐星使威照于上，彼气乃挺，结案乃易。尤愿密饬水陆军有暗中准备之状，阳为机密，阴可倭知。一气也我盛彼自馁，阴狡不敢施。事蔑不济。此在崎濒行担状师属面禀帅听者也。

再，琅威理当事出之时，亦以倭人随处逐砍我兵，并暗使民艇不渡等事为非。未几，忽一意袒倭。盖英领事住崎年久，朋比倭人，而又恃琅在北洋掌水师大权，此案无论如何办理，中国总允了结，断不能决裂。故长崎县与英领事恒暗与琅谋，迨我参赞、状师至，每议此事，彼竟张言，不尟不在倭人，其委曲求全，惟恐打仗之情显暴于外。即担状师亦深鄙之不愿与议，谓倭人见此情状，我即幸不输，亦多饶舌，曾属弟速调琅归。时方奉相饬去仁川之电，以即离长崎故未禀办，而状师、参赞等已将其情达徐星使，第未审曾电傅相否也。种种作梗，笔难殚述。祈谒相时先为择要代陈。弟质本无用，自知难胜重任，今遭此事。敢不知罪？惟当加劲办案之时，不能不镇健心神，力撑局面，以杜外议拂腾，方免掣肘。果能我占

---

〔1〕周馥，字玉山，时任天津道。

〔2〕担状师，即中方为了处理长崎事件而聘请的英籍律师担文。

上风，完结此举，当泥首相前，禀请参撤，得以返我田间，闭门思过，诚为晚年之大幸事也。拉杂书此，不尽所云。

再，此次拟令刘步蟾择“定”“镇”要证各二十名，“济”“威”各十名同去。乞代请中堂专电，饬弟亲带乘“济远”赴崎，余船留威海，令琅威理督率操练，如有要事，电林泰曾与琅商办。外，附长崎领事与徐星使来往各电，祈阅后应否呈相一析，酌办。

八月十五日。

116.致杨星垣〔1〕、蔡伯昂〔2〕书

（光绪十二年九月廿八日　1886.10.25）

十六日由崎开，愈行而风愈紧，遂迎浪北驶，以就近探“超”“扬”消息。十七日直达釜山，泊一夕，复西发，二十日到威。居东日久，积事繁会，逐件理料，几有日昃不遑之势。敝军一切尚称平敉，足慰远廑。“济远”添煤竟，昨由烟归。续调人证已照单开交方管带载去。该船到崎后，即可换“南瑞”归来。前留“威远”学生四名，除十六日在岸弹压一名仍留崎备质外，余应令回船学习。迩正培植水师人材之际，故不使其久荒正业。吴敬荣并在崎人证，其已会审及不堪作证者，亦均提交子香督率随“南瑞”回防供职。且“济远”窄隘，置人太多，必致拥挤生病也。其应留要证，已饬由方益堂在船约束，弁勇有事登岸，尚祈严饬署捕随时招呼，免致言语不通困疑生事。万祷万祷！至誊写洋文，如此去作证之冯二副外，

〔1〕杨廷传，字星垣，后为船政提调。

〔2〕蔡轩，时为驻日本长崎领事。

“济远”三副并学生均可轮往，操管准之。此次应行调回员生人数似觉有赢，谅亦足供驱策。伏祈查照所开，俾替换归来，免各旷职是叩。属购件已照单办齐附呈，祈查收。弟拟下月初绕烟去津，到后应有奉告之事，再行电达。此颂同勋。

愚弟丁汝昌顿首。九月廿八。

117.致袁慰廷[1]

（光绪十二年九月廿八日　1886.10.25）

役疲奔走，事倍纷拏，久未陈书，一达衷曲，渭树江云，我怀曷已！执事处震撼危疑之地，勤修内攘外之功，探赜钩探，荩劳可想。

弟自夏间釜山一役后，北趋海参崴，又南折长崎，事出歧嶷，此行为最。倭人在崎与我兵寻衅一节，谅执事已耳得其略。彼主我客，我兵赤手登岸，彼捕伏兵于暗，一呼四合，不旋踵已挺刃塞途。我兵有先时欲归者，海滨民艇率皆不渡，其有心为仇，显然可见。曲直所在，亦不白可知。乃我所延担状师至，与彼状师公同会审，问甫数人，倭供有当日我捕有刀，中国水手未曾带刀等语。彼状师气阻辞竭，遂称疾停讯。八月末旬，彼政府又换一状师来后，惟两相会讯要证，候将供录齐，再评辩定案。

弟此次十六日由崎乘“济远”归，中途遇风，遂迎浪北驶，距釜山不远，因就便探听“超”“扬”消息。十七日径达该口，泊一夕，复西发，二十日到威。顷间来烟，泊二三日，仍赴津门一行也。弟今岁两游釜山，与署领事陈复初谈论时事，彼答词井井有条，交涉事宜且甚谙明，迥异于

〔1〕袁世凯，字慰廷，时为中国驻朝通商事务总办。

时矜躁者流。见与釜山各处往来，俱颇融洽。闻执事将调该员赴元山，查釜较元人多事繁，不若仍留此老成熟手踵理釜事，庶为妥贴。愚见所及，不安缄默，愿高明裁察之为幸！手此，敬颂勋安。

世小弟丁汝昌顿首。廿八。

敬再启者：各国公使、领事驻扎他口，有文信人物，无论遇有何国兵商等船，均可附寄。是为海上通例，断不能推却不带。南船即须归去进坞，此次拟禀请傅相，“南琛”去后，派“镇海”“操江”轮驻朝鲜。俟后尊处文信遇有他国之船西来者，尽可托其携寄，要事则有电可通。设有必须专进之件，再抽船一走。以冬来风浪日劲，少走一次，即免担一次之心，亦节省一次之费。执事料事过我，当亦鉴及之。附状。

118.致张次韩〔1〕

（光绪十二年十月十七日　1886.11.12）

军械已收到，大咨随后补寄，以便核对是幸。舢板七生半炮架敝军各船均有，惟未安配。承示绘图，未知需此之故，即望详示，寄烟文报局转交，以便遵办。

再，敝军在东局军械，前奉执事面告，应由献翁处颁清折寄下。刻下需此孔急，祈老弟为之促请，亦速寄烟为叩。

十月十七。津。

〔1〕张席珍，字次韩，时任天津军械局总办。

119.致高仲瀛[1]

（光绪十二年十月十七日 1886.11.12）

四“镇”在坞，泥水过探，较之泊河，伤底尤甚，目击之下，焦灼万状。祈饬该管人赶将坞中泥水撤净，即油船底。罩篷亦宜赶早搭起，庶船底、船身得资保护。

再，敝军各阵旗现又稍有变通，兹附去新改旗图一本，不日拟禀请制旗帜。迨帅行贵坞，祈即查照此次所呈图式制办为幸。

十月十七。津。

120.致高仲瀛[2]

（光绪十二年十月廿五日 1886.11.20）

兹恳者：敝军此番在沽，由贵坞领取煤吨，据“扬威”经查禀称，有一运船短少六吨者，业将该船户送交贵坞，且蒙允下次照补。嗣又经洋管轮通查，除已短六吨不计外，其余运到者共尚少三十四吨，尚祈阁下传集当日运船各户，及经手雇船司事赐讯查追，设该人等不认偿缴，即请费神将各人户名姓开下，以便查明案办。日后运拨各船之煤，乞仍查照原章，由驳船公司装拖出送驳船，大可多装，且用轮拖亦甚遄速。若用民船零星运送师船，即碍难多抽人照料。设有未周，弊端即出。日后倘蒙依照用驳

[1] 高骖麟，字仲瀛，时任大沽船坞总办。

[2] 高骖麟，字仲瀛，时任大沽船坞总办。

船拖送之章，固甚安贴。设有未便，仍用民船装运，敝军即未敢派人往押，惟俟煤径到船，即在船磅收吨数也。弟等为杜弊敬事起见，祈明公核办见示焉为幸！手此，即颂台安。

弟丁汝昌、琅威理同顿首。十月廿五在旅发。

（此事高至十三年六月间尚未复，后亦未催。）〔1〕

121.致刘香林〔2〕

（光绪十二年十一月初五日　1886.11.30）

前者，执事饬琅威理开敝军所需手枪数目，彼误将应需毛瑟数目录去。兹查，日后须添手枪，并四新船到华所需，统计添购手枪六百枝，一概足用。至操用及备存子弹，祈仍查照前交军械折内手枪项下所记子弹章程舔购是幸。外将枪并弹样各捡一奉上，收察备考为叩。承假刷印人，颇资臂助，当给犒二十盒为添蔬酒之一助。“西”“北”两船赴旅，请验军装，著附便令其旋去。吴江枫落，我棹欲南，回首辽阳，从倚无任。即颂台安。

乡小弟丁汝昌顿首。十一月初五。威。

又附启：一书甫就缄，适“镇海”来，连奉三翰，均敬读悉。承寄鱼雷各件并洋文单，当即唤福来舍前来，令其逐阅，据称均系收拾、起卸家伙，并非放雷应用之件，现经起到艇船，一俟“操江”来接福来舍，仍拟统数交福随解贵处存放。俟来春到旅，再为点发各船。琅云皆非现时应用之件，故如此办理庶有归束。洋文单一并奉缴，容点收时统取可也。船

〔1〕此为原档抄录者所作的旁注。

〔2〕刘含芳，字芗林，时任北洋前敌营务处。

存军械册已送齐，兹先令“镇北”驰送，藉请点验军装。俟“北”来威，再着“西”赴旅，分两回走，存烟文报可以无滞。为在旅诸君筹者不为不至耳。

弟汝昌附状。

【光绪十三年】

122.致琅威理[1]书

（光绪十三年三月初二日　1887.3.26）

迳启者：前条陈各节，并由槟榔屿、锡兰惠寄两信，均已收到。兼谂行李初发时，途遇北风，船甚摇动，过香港当必随处稳渡。昨者悉阁下已抵欧洲。阖府当各平安为颂。余在沪本定二月初一日开船，因正月卅日即起大风并雨，至二月初五始展轮北来，过威海、烟台、旅顺，至十四日始到津。中堂于二月十七因办陵差事赴北京，约本月二十前可以回津。余上月廿四日由沽起身，又到旅料理各事，住两日，昨日带全军来威海。调度弁勇出洋之事，已奉中堂电谕：刘钦差来电，英两快船于中历四月廿后同时试行，闰月初华勇若到，即可过船云云。“图南”本月初五日准来威海，该船到后赶即拨人过船开行。条陈各节，余能做到之事，必照议办理。有未尽行者，俟阁下回华再为商办。各船操演各技，均照章加劲练习，俾日就精进。罗觉斯已去旅顺，与刘道台尚觉合宜也。附告，望放心。此复。即颂升祺。

---

〔1〕Lang William M，琅威理，英国人，时为北洋水师总教习，尊称为总查。

丁汝昌顿首。三月初二日。

现大连湾移铭军十一营驻防，威海移绥军八营驻防，金现顶[1]房归营中居住，刘公岛拟盖之房，刻已买好地基开工矣。

123.致好税司[2]一件

（光绪十三年三月十三日 1887.4.6）

昨在烟得贵税司来函，知前敝军洋弁锡伦司、费纳宁在沪医院养病，共药、饭规平银贰百十四两，详单均收。又查该两弁病愈后由北来搭船一节，昨经招商局前来索价，计规银五十两，未曾发给。以系贵处经手，似仍托贵处代交，免有歧误。兹托义昌拨去规平银贰百陆十肆两，送到时，祈除还去医院一款外，余五十金，祈将船价一并转交清结。费神容谢。款到并赐收条。即颂升祉。

名另具。三月十三日。

124.复樊世勋[3]

（光绪十三年三月十三日 1887.4.6）

昨在烟奉书，今午“图南”到，又奉来示，清单、提单一并收到。米千包及旗帜四包、军衣两箱，一齐提察，统交出洋邓营务处照入。诸渎清

〔1〕即威海卫金线顶。

〔2〕H. E. Hobson，好博逊，英国人，时任江海关税务司。

〔3〕樊世勋，洋行买办。

神，感之不尽。兹复有恳者，昨接沪好博游税司来书，敝军两洋弁在沪医院养病等费，共应规平银二百一十四两，又查两洋弁病愈后由沪北来搭船费规平银五十两，前后两款共应规平银贰百六十四两，当日均由好税司经手。祈贵处暂拨规银百两，并外一函，均饬妥送好税司办理。送去索一收单，此款容日再缴尊处。此颂勋安。

愚弟丁汝昌顿首。三月十三。

125.致琅威理〔1〕

（光绪十三年三月十六日　1887.4.9）

三月初二日由烟台发寄一书，计此时当已过新加坡矣。“图南”十二到威海，所有应拨出洋名目，均照前与阁下所议办理。惟陈恩焘、刘冠雄，昨奉中堂来札云：出洋监督称，陈恩焘随测量船放洋学习，刘冠雄甫派枪炮船学习，若令遽归，前功尽弃，未免可惜等语。余念该二员既有心力学，当改派吴敬荣为“靖远”大副，林文彬为“来远”大副，一并前去。前云令陈三副出洋一节，今既拨去吴、林，而“定远”副船主接带“扬威”，李鼎新又病大沽，“定远”水师官实不够用。阁下倘必须人随身传布号令，查前南洋尚有两水师官出洋学习，可商请周监督，调回一人应用亦可。队长一节，前阁下云出洋无需此人，兹每船派一巡查去。又阁下当差前随罗哲士去旅，“图南”到威后，曾派船到旅调彼出洋，罗哲士执不肯放，故又令夏先生当差，另觅一人随同前去，均望查照。“图南”明日起行，该船到英，“致远”“靖远”换旗；及到德，“经远”“来远”换旗等，均望电告。

〔1〕Lang William M，琅威理，英国人，时为北洋水师总教习，尊称为总查。

“来远”工程望随时请钦差催厂，早竣为幸。我军所购军械，应随“图南”带华者，均望费神查看查看，以期适用。余事有未及言者，均询邓营务处便知。此问近好。

三月十六日发。

126.致高仲瀛[1]

（光绪十三年闰四月初七日　1887.5.29）

不聆雅教，两月有赢，我怀西倾，遐想殊甚。近维禔履冲和，当如所颂。兹恳者：敝军机器厂及“扬威”“济远”“定远”三船现需各项料件修配一切，兹乘“康济”去津领饷之便，汇开一折前往走领。祈查照发交该船，此次归来之便带下应用是祷。即颂台安。

愚弟丁汝昌顿首。闰四月初七。

127.致张次韩[2]

（光绪十三年闰四月初七日　1887.5.29）

一别两月有余，我怀西倾，遐想殊甚。近想台履泰和，至以为颂。

昌昨由东归，抱病甚剧，连日医治，犹未稍见痊可。故此次未能赴津一倾积抱，殊甚闷闷。兹恳者：现饬“康济”赴津领夏季饷项，所有该船

〔1〕高骖麟，字仲瀛，时任大沽船坞总办。

〔2〕张席珍，字次韩，时任天津军械局总办。

应需操练各项军火，藉乘此便，请领应用。外开清折，祈先查照。设有不齐，可将现成者发给，余者陆续便中饬取。经领齐后，再行补送文领备案。

再，敝军严委员去津领饷，至沽时，祈赐假轮艇一渡是幸。此颂台安。

如小兄汝昌顿首。闰四月初七。

128.致高仲瀛〔1〕

（光绪十三年闰四月廿二日　1887.6.13）

昨据"镇远"林管带禀称，该船轮机舱备用料件业已无存，开具款目清折，请由贵坞照制领用等情。经弟复核，均系机舱平日应领存储之件，自当准其领备应用。兹特照开原折，外，图式二张，领单三纸，统祈查照饬造。俟经齐竣，赐示走领。此颂台安。

愚弟丁汝昌。闰四月廿二。

129.致高仲瀛〔2〕

（光绪十三年闰四月廿六日　1887.6.17）

"利运"来，奉赐告。知前上尺书已邀台察。兼承注念殷拳，感真无量。近维荩履冲和，局猷昌炽，且颂且仰。

承示发给敝军厂、船请领等件，"康济""湄云"俱未装来。当传"康

〔1〕高骖麟，字仲瀛，时任大沽船坞总办。

〔2〕高骖麟，字仲瀛，时任大沽船坞总办。

济”管带面加询斥，据称彼船候至十八日将煤装齐，见所领各件未曾到船，遂即开行。查尊示系于十七日运送沙外，恐或经运人偶稽致舛也。至“湄云”虽船小不能多载，亦须将情节禀明，乃径不理而去，殊为可恶！容该船到威，自当有以示儆。兹者“威远”去沽，所有前请领各件及此次“威远”尚有领件，均请饬发交该船带下。祗请台安。

愚小弟汝昌顿首。又，四月廿六。

贱恙仍未见轻，承念。谢谢！大咨并读悉。外折一扣。

130.致盛杏荪〔1〕

（光绪十三年五月十二日　1887.7.2）

恳者：敝军威海机器厂迩年以船多制造日繁，前禀蒙傅相批准，再添购机器，配合应用。闻已运解到烟，兹饬“威远”前往收装，祈饬值关人验放是幸！此颂台安。

愚弟丁汝昌顿首。五月十二。

131.致高仲瀛〔2〕

（光绪十三年五月十二日　1887.7.2）

“威远”归，奉赐翰并前机厂及各船请领各件，均照来折分饬点收。惟

---

〔1〕盛宣怀，字杏荪，时任东海关道。

〔2〕高骖麟，字仲瀛，时任大沽船坞总办。

查机厂木料，核与原请数目或有多者，或有不足者；“定远”白棕绳亦非原请之物，未能合用。一俟遇船去沽，再行将舛误各项汇折呈察，将未能合用之件并请退换。先此奉闻。

再，承示要威请制舢板尺寸，兹特绘去图式，祈饬造为幸。舢板随带零件均需配齐，桅篷请发料，该船审度自制可也。并据该管带称，前此沽时曾将若何制造情节详告葛兰。图中倘有未逮之处，祈赐询葛洋员便知。此颂台安。

愚弟丁汝昌顿首。五月十二。

132.致王松森

（光绪十三年五月廿一日　1887.7.11）

启者：上月廿九日曾寄一笺，饬该故勇家属领取“定远”张林龙、“济远”周荣福之柩，当蒙照发。兹“镇远”升火殷武妻子前来禀请领柩柩，特泐函交付，祈查照发给，该故勇柩书“‘镇远’升火殷武，浙江宁波府鄞县人”即是。查果育善堂系属公地，谅无应用房地租等事，惟管堂人照料一切，倘应需零星酒资，谅所费无多，设有此例，祈酌裁告之领柩人，薄酬其力可也。俟后遇有领柩人，均可如此办理。此达。即颂升安。

愚弟丁汝昌顿首。五月廿一。

133.致刘芗林[1]

（光绪十三年五月廿七日 1887.7.17）

芗林仁兄观察大人如握：

昨由"操江"带去一笺，当已达到。昨接郁山兄电，以德威尼现议开船路，令开仕或别人去旅商办。兹派"济远"方管带前来，一切祈指示与尼妥商为叩。承示派学雷学生，兹令王学曾等四名前往，外另具名单。祈查照指授精微。幸甚！

再，前敝军垫发密勒克一款，尊处当早领出，兹附呈清单，祈核交"济远"领回带下，了此一段公案是望。手此祗达。敬颂台安。

乡小弟丁汝昌顿首。五月廿七。

134.致张次韩[2]

（光绪十三年六月初二日 1887.7.22）

昨据枪炮教习洋员鲍察禀称，前月十四、五、六等日演放克鲁卜炮，所用铜螺丝拉火有炸断等弊。并将所坏三十一枝随禀呈请查验前来。查此项军火系由东局所制，用将该洋员原禀照录，并炸坏拉火卅一枝寄呈查核转致是幸。此颂台安。

如小兄丁救昌顿首。六月初二。

---

〔1〕刘含芳，字芗林，时任北洋前敌营务处。

〔2〕张席珍，字次韩，时任天津军械局总办。

135.致高仲瀛〔1〕

（光绪十三年六月初二日 1887.7.22）

上月十二寄书，计邀赐察，入伏以来，维荩履冲和为颂。昨据“镇”“济”“超”“扬”“康”“西”“北”七船开折，请领各该船需用各件，经弟核减外，其必须应用紧要者，择准汇录一折，寄呈查照核发，惟“镇北”船小不能装载多物，祈先捡现有小件头发给，其余仍乞饬照备齐，日后遇有大船去沽，再请陆续发寄为幸。

再，闰月末旬，“镇远”绘图请制机舱用件，刻如工竣，请交“镇北”带下。外附呈“超勇”螺丝拿及辘饼套管图共两张，祈查照饬造。此颂台安。

愚弟丁汝昌顿首。六月初二。

136.致刘芗林观察〔2〕

（光绪十三年六月十一日 1887.7.31）

芗林仁兄观察大人阁下：

恳者：兹各船请领夏季操用并补足额两项军火子药等件，用汇一折，请由尊处先行函达大津军械所，设有不现成之件，应恳豫为制备，何时齐楚，系由何处请领，届时仍请尊处示悉，以便遵照备文趋领。昨奉大咨，

〔1〕高骖麟，字仲瀛，时任大沽船坞总办。

〔2〕刘含芳，字芗林，时任北洋前敌营务处。

电灯填表一节，兹令林管带面请指教，应如何办理方昭妥贴之处，即乞剖示饬办为幸。匾对均承代制，心感良深。惟弟届示订之期，恐难到旅，兹属开士[1]到旅赴尊处取下，代躬拈香悬挂，用商明公可乎否耶?

西澳淘挖事，亦奉相谕，届六月十八日为第一起收工之期，届时应令铁舰管驾赴旅量验，绘图分送等因，已属开士等轮往禀商，遵示办理。船澳口门一节，昨据方管带详陈所见，另具公文，咨令仰商诸郁公酌夺。所陈是否可用，仍由两公主稿会禀办理，免有歧异。费神之处，容恙脱体，再统伸谢。

在威各船，久未出操，中怀焦灼，已非一日。日前，“威”“扬”两船以帮同“保大”捞救货物，并为驰送烟台等事既经完峻，各船拆洗机舱并船身内外油饰之事亦了。于昨电蒙相准，令林管带帅同六船赴湾操练。知念附陈。此颂台安。军火折一扣。

弟汝昌顿首。六月十一日。

137.致高仲瀛[2]

（光绪十三年六月十八日　1887.8.7）

兹“康济”去沽接郁山兄，祈将各船前请之件“镇北”所不能载者，运交该船带下，外尚有此船请领各件一单，计六宗，查有现成者亦交“康济”带下。此颂台安。

弟丁汝昌顿首。六月十八自威寄。

---

〔1〕开士，即林泰曾，字凯仕，时为北洋水师“镇远”舰管带。

〔2〕高骖麟，字仲瀛，时任大沽船坞总办。

138.（致盛杏荪）[1]

（光绪十三年六月廿五日 1887.8.14）

杏荪仁兄大人阁下：

日前奉手告，聆悉种种。嗣以无便船去烟，未能即复，深以为怅。“保大”事于本月初三接执事由烟来电，当即派“威”“扬”两船前往援救，并属该管带等以救人为先。倘彼船挽帮同捞货等事，必须令其点验交收明白，自己船只必须慎重等语。去后于初四该两船回威，据称人客已由“通州”载去，沉去货物，“保大”船主请我船代为捞运，惟须乘潮落之时乃能动手。兼彼时不时起雾，而彼处又为商船必经之路，故仅捞得五十余件，且询悉“拱北”即到成山，遂归。所有载来之货，均经“保大”船主等过验明晰，然后起运。时敝军机器厂英管轮葛果德亦同去监视，物到船，均列舱面，舱下各处一概搜查，并未翻出匿物等情。到威后，弟又令该管带等通查一次，然后使“威远”并送烟局，并取有收单前来，当即据情并单禀陈傅相矣。至来书所虑，不给赏项有扣留物件等弊，窃以兵艘为人运转等事，非涉公事概不能装，即涉公事断无讨赏之例。若以无赏遂即匿物，水师虽隘，行同市侩，执事或别有见而云然也。弟虽详察至再，恐百虑一疏，有不如执事过人灼见者。兹者“威远”林管带来烟，特令其趋谒崇阶，望再详细赐询为幸。书中有未及道者，亦嘱该管带一一面陈之。乞垂省不尽。此复。即颂台安。

六月廿五。

---

〔1〕盛宣怀，字杏荪，时任东海关（烟台）道。

139.致盛杏荪[1]

（光绪十三年六月廿八日　1887.8.17）

昨接要两船坐往荣成之电，当即电复，谅邀青及。兹派“超”“扬”两船前往，以候指挥，惟成山为商船必经之路，雾天需防，且遇大南风必须开出洋面。该两船官弁水勇人等应令在船各慎其守，第此行果邀德导礼齐，化为无事，诚幸；设有意外之变，在水中御击，并须用枪炮一切事宜，该船主等已属其不准轻举妄动，一应候尊命而行。执事亦似宜慎审事机，相与因应，总以预筹日后结局地步为妥。倘有刻善全之方，即不必过迫以威，恐因莠髡良，有投鼠忌器之悔耳。愚见所及，不敢缄默，乞高明裁察行之。此颂台安。

弟汝昌顿首。六月廿八。

140.致王松森

（光绪十三年七月初五日　1887.8.23）

昨得六月初六寄书，知前奉两函俱已达到。周福荣、张林龙、殷武三柩，均承费神发交该家属领去，感甚。兹者“镇远”杨林家属及“定远”李长元亲属前来请领该二人之柩，用修函开单交其面呈请领，祈查照单开，饬发是幸。此颂升安。

愚弟丁汝昌顿首。七月初五。

名单一纸。

---

〔1〕盛宣怀，字杏荪，时任东海关（烟台）道。

141.致高仲瀛[1]

（光绪十三年七月十五日　1887.9.2）

“西”“北”前请进坞油底一节，五月廿一日曾奉电复：“镇海”刚进坞，七月中来坞代油等。因昨知“镇海”业已出海，于本月十二又经电询，未蒙赐复，惟该两船急须油底，究竟贵坞何时有空，祈速电示，遇便饬往。再，“镇西”此次入坞，机舱须换烟管，祈预饬筹备为幸。此颂台安。

弟汝昌顿首。七月望。

142.致王松森

（光绪十三年七月十六日　1887.9.3）

昨奉复书，知杨林、李长元之柩业蒙饬交去人领回，感甚。兹“镇远”差役天津人赵焕启之父前来请领该差之柩，特付函前去，祈照发为幸。其余各柩，弟当催饬各家属前来，俟到即令走领。办公出力人员，以弟处向未自发功牌，容后遇机，当汇禀中堂核赏。单谨存。此颂升安。

弟丁汝昌顿首。七月既望。

---

〔1〕高骖麟，字仲瀛，时任大沽船坞总办。

143.复刘芗林[1]

（光绪十三年七月廿四日　1887.9.11）

顷承复教，捧诵紬绎，转滋惶惑。因恐有今是昨非之谬，极力追思，仅记移款作捐一事，专请以尊处匀去军米之价，转拨移公款作公举，窃以绝无訾议。至在沪代购零星一节，系私款耳，区区之款，转眼即逼，公代付捐输，虽无索偿之迹，却显然有索偿之心。往者，公常以怕得罪人一语见誉于弟，岂怕得罪人者而突有此事乎？此弟之所以自信无疑也。贵人善忘，胡不取怀中记事珠一加摸索耶？前言余意，申明以复。即颂台安。

小弟丁汝昌顿首。廿四日。

144.致刘芗林[2]观察

（光绪十三年七月廿九日　1887.9.16）

接廿五日电，西澳第一起量验工图，以林管带等所绘为准，以后专由各舰量测后，彼此会报各等因，敬悉，妥甚！惟林管带所绘图中水尺，与尊处呈送傅相工图内水尺不符，弟处拟不再禀送，以免两歧，是否之处，务乞见复为幸。

再，前准大咨并奉傅相照饬，令三舰管带及炮弁等，八月间赴大沽炮台会齐试验炮药一节。应于何日前往，届期祈先期电知，以便照办。专此

〔1〕刘含芳，字芗林，时任北洋前敌营务处。

〔2〕刘含芳，字芗林，时任北洋前敌营务处。

奉达。即颂勋安。

乡小弟丁汝昌顿首。七月廿九。

145.致王松森

（光绪十三年七月廿九日 1887.9.16）

敬启者：昨以饬搬差役赵焕启之柩，曾具寸笺，谅已早邀青鉴。兹有林春顺往搬“定远”水手林宗宾即林春斌之柩，特予一函，祈即查明饬交搬回福州。是为至幸。诸费清神，心感无似。专此奉达。敬请勋安。

愚弟丁汝昌顿首。廿九。

再，下次请将台甫示知。

146.致周郁山[1]

（光绪十三年八月初三日 1887.9.19）

顷承逮简，知前奉去一笺及禀稿均邀而瞩读。两页书始以禀而忧，继以批而喜。明公关切之挚，流露于不及觉者，则鄙人益支持甚苦矣，然宪恩高厚，奉批后益自愧惶，惟有谨遵札谕各节，恪慎办理。林镇代统后，一切当祈推爱指导。知休戚相关，已非一日，今日之事，尤须藉重长才，固持大局，是私衷所切感者耳。武备学生，“康”“威”两船垫办伙食，计“康”五十两，“威”八十四两。兹将该两管带呈到原折转奉，祈查照核报

〔1〕周馥，字玉山，时任天津道。

是幸。此颂台安。

乡小弟丁汝昌顿首。八月初三。

今早又奉相电：不准交卸。原电并批，汇钞一纸附呈。祈察。初四又及。

147.致张次韩[1]

（光绪十三年八月初四日　1887.9.20）

昨奉逮简，挪十五生脱克鹿卜黑饼药以备试验一节，当即照饬抽提，以便解送。旋据敝军林营务处禀称："定""镇"两船所配十五生脱炮，每船应配火药二十出，前年以此项火药不敷，每船只领八十出，除操演用去外，现两船仅存九十出，若再拨去三十出，所存似更太少。禀请核夺等情前来。查各船额存药弹向有定章，以备不时之需。前各船领存及操用两项药弹已形不足，六月闻曾开折向芗翁处请领，迄今尚未发到。存既无多，似宜稍存慎重。然大沽试药事亦紧迫，用特拨去二十出，交"康济"解送曜廷处，届时应用可也。

正封函时，"康济"送到请领军火折件。兹照录一单请发，俟领到再补公文。此颂台安。

如兄丁汝昌顿首。八月初四。

---

〔1〕张席珍，字次韩，时任天津军械局总办。

148.致高仲瀛[1]

（光绪十三年八月初四日　1887.9.20）

兹"定远""威远""超勇""康济"四船现有空闲，应行修配，各项需用料物开折前来请领，经弟核拟，将可从缓者一并剔去，仅将刻下必须之件汇折送请查照发给。有现成者，即交"康济"回威之便带下。

再，"定远"炮盘螺丝须请修，改派洋管轮克鹿库亲送前去，应如何修理，由该管轮到坞面陈。此颂台安。

愚弟丁汝昌顿首。八月初四。

外，折一扣。

149.致罗曜廷[2]

（光绪十三年八月初五日　1887.9.21）

昨接次韩来书，借十五生脱炮黑饼药三十出，以备芗翁到沽试验。查敝军此药所存无多，兹匀得二十出，计两箱，交"康济"寄呈尊处代存。次韩处亦另有函达矣。此颂勋安。

如弟丁汝昌顿首。八月初五。

---

〔1〕高骖麟，字仲瀛，时任大沽船坞总办。

〔2〕罗荣光，字曜廷，时为天津大沽炮台守将。

150.致刘芗林[1]

（光绪十三年八月廿三日　1887.10.9）

收工、试药两事，电示派船前往，曾即电复，谅邀俯察。兹令凯士带六船前去，环卫台旌，藉承心法。澳工一节，必须彼此会量尺寸乃可符合。前奉折请领军械事，次韩来函已知照尊处。尚有需样之件，已属凯士面陈，如何办理，祈亦面示。此颂台安。

弟汝昌顿首。八月二十三。

151.致高仲瀛[2]

（光绪十三年八月廿三日　1887.10.9）

“西”“北”两船前奉示，令八月初十左右来沽接修，当遵照饬往。兹闻两船入坞尚属无期，所深焦灼，第以秋风日劲，多迟时日，不惟归途未便，且于操务有旷。伏望查饬速令入坞，俾得及早回防。未入坞，先不妨预令将零件动手修理，庶出坞后，不至又延时日也。敝军所领各件，即赶照折核明递复。此颂台安。

愚弟丁汝昌顿首。八月廿三。

---

〔1〕刘含芳，字芗林，时任北洋前敌营务处。

〔2〕高骖麟，字仲瀛，时任大沽船坞总办。

152.前致高仲瀛[1]函附启

（光绪十三年八月廿四日　1887.10.10）

再者，“扬威”机舱并舱面应需各件，经核后汇抄一折送请查发。内有现成者，即点交该船此次来沽之便带下，余者下次遇船再寄可也。

再，此次“定”“镇”“济”“威”“扬”去沽，如有应行添煤之船，已属其开条请领，单到即祈查照运发。煤船用大驳船方妥，并请派人到船监视磅收免舛。

弟昌再顿首。廿四晨。

【光绪十四年】

153.致高仲瀛[2]

（光绪十四年三月十八日　1888.4.28）

久违雅教，常系于怀，近维凡事，绥密为颂。

兹恳者：昨据“操江”管带面禀，该船海上奔走差使，舱面及机舱各件必须添易妥贴，以期得用，并开清折前来。查该船所开各件，均系现所应需，自当准其请领。用将该船所呈原折奉上，祈饬该管人从速备齐，发交“操江”管带领取应用为幸。此颂台安。

---

〔1〕高骖麟，字仲瀛，时任大沽船坞总办。
〔2〕高骖麟，字仲瀛，时任大沽船坞总办。

愚弟丁汝昌顿首。十八。

外，折一扣。

154.致高仲瀛[1]

（光绪十四年三月廿日　1888.4.30）

敝军各舰现有应行领修添配各项，惟制靶用等件尤关紧要。兹汇开一折进呈，即祈查照饬速备妥，以便遄领应用。此颂台安。

愚弟丁汝昌顿首。三月二十。

外，折一扣。

155.致高仲瀛[2]

（光绪十四年四月初七日　1888.5.17）

敝军“镇”“济”“致”“靖”四船及威海机器厂有需用各项，开折请领前来。兹会开一折，祈查照分别购制发给。所领各项，除四船已饬其自行前领外，其机厂所用木料，先祈饬照备齐。“康济”行即来沽，俟船到后由该管带代为点领。已函饬知照，届时尚恳饬该管司事统数累齐，运进该船照收是幸。附折一扣。

愚弟丁汝昌顿首。四月七日。

---

〔1〕高骖麟，字仲瀛，时任大沽船坞总办。

〔2〕高骖麟，字仲瀛，时任大沽船坞总办。

156.致许竹篔[1]星使

（光绪十四年四月初七日　1888.5.17）

敬恳者：日昨傅相出海勘验四新船谕及，“经”“来”两船，查合同内每船应有鱼雷十二具，前据该两管带声称，每船实领到十一具，计共短少两具。未知究竟归于何处，抑系该厂原未送来，尊处当必有底可稽。祈请查明见示，以便禀复。琐渎钧聪，不安之至。前属令亲附保一节，昨已列案汇禀，不日当可出奏矣。附陈。此叩素履不赐。

教弟丁汝昌顿首。四月初七。在沽。

157.致高仲瀛[2]

（光绪十四年四月初七日　1888.5.17）

兹“定”“镇”两船药弹舱应须修理，请领各项木料，特汇开一折。俟该船派人到沽，即祈饬发为叩。又各船现须上煤，计八船共一千九百三十五吨，望即查照折开，速饬人装运沙外分交。此颂台安。外折一扣。

愚弟丁汝昌顿首。初七。在沽。

---

〔1〕许景澂，字竹篔，时为中国驻德公使。

〔2〕高骖麟，字仲瀛，时任大沽船坞总办。

158.致朱伯华[1]

（光绪十四年四月十二日　1888.5.22）

水师领煤一事，曩者悉由塘沽矿局拨送船坞，敝军再由船坞请领。今晨与花农商定，俟后水师用煤，径向塘沽具领，或按季、按年由该局将领单汇送贵局，与敝军煤册校对核销。所领之煤，仍由该局运送到船磅收。至运费一节，在口内上应付若干，口外上应付若干，均祈与花农面订可也。如此办理，既免周折伤煤，亦可稍节经费。

再，各船械、饷全底一本附呈，祈费神着人共钞两份，一代呈中堂、一转致次韩是幸。前恳本镇廉俸事，一切均祈代劳妥办。俟下大人节临，兄仍到津一行，届时面领可也。此颂台安。

如兄丁汝昌顿首。十二在沽。

159.致张次韩[2]

（光绪十四年四月十六日　1888.5.26）

日昨两奉惠言，均敬读悉。敝军请领各项军火一折，均蒙分别签示，尤深心感。“定”“镇”“济”三舰定购钢弹等项何日可到，候示再领。其余原折请领之件，除存旅局另行请领，以及在局仿造未成，候成再领外，其贵局暨东局条签有存者，当即分饬各船先行遵照走领。至三十半生炮用粟

〔1〕朱福荣，字伯华，时任海防支应局委员。

〔2〕张席珍，字次韩，时任天津军械局总办。

色药[1]一节，已据所试情形办稿，克日即咨冰案查核，应请知会东局归有存项下一例照发为幸。

又，栗色等药装袋一节，查西国兵船向无在船自行装袋之例。以船上无宽静处，设稍遗渗，关系非轻。有不得不请局代装之势，敢祈会衔禀请，行知东局，一律装发。至各项药袋应行送样之处，容饬各船详细声明，再请查照转咨立案，仿制可也。

又，"快马"带来毛瑟枪二百杆及随带各件，均照单点收，发交"致""靖""超""扬"四船分领，已饬四船收后具领前来，俟领字到齐，当即送呈。前交到六出手枪一枝，昨经琅威理试放，据称颇精坚灵捷，即乞查照前定之数饬购。其随枪若干子弹以及枪鞘、子盒、皮带均须随带齐全，于购单内伏望载明为妥。

又，四新船子弹等项应行选样者，昨已电芗林捡一份交"镇海"带津送呈，到希查收。此颂台安。

如兄丁汝昌顿首。十六日在沽发。

160.致朱伯华[2]

（光绪十四年四月廿一日 1888.5.31）

昨奉相札，部议补发"定""镇""济"所垫公费并须补送日记一案，尊处当已奉到行知。惟查补发三舰亏垫公费一节，经罗稷臣会商以核对款目，当将三舰由十一年十月起至十二年四月止，未加公费以前日记，及所

〔1〕栗色药，即经过钝化的黑火药，因颜色偏褐色而得名，主要用作火炮的发射药。
〔2〕朱福荣，字伯华，时任海防支应局委员。

用公费各项开折，统送贵局核办在案。嗣三舰所呈海军衙门日记，系由十二年秋季起方按季造送，惟记中只载行船等事，未曾叙及公费用项一层。此次部查日记，若照海军之式一例造送，用费无以核起，再更新式又与海军日记两歧，转为不妥。兹令敝军林营务处及济远方管带来津，商请钧裁。能禀请咨复，总以不必造送为妥。若必须遵照部议，应如何办理方臻妥贴之处，当望详细示知，以便遵办。此颂台安。

如兄丁汝昌顿首。四月廿一日在沽。

161.致罗稷臣〔1〕

（光绪十四年四月廿一日　1888.5.31）

旅顺鱼雷匠海马病故一节，查合同内若因公身故，赏给四个月薪水。现与琅威理议妥，回费及一个月折半薪水概不发给，拟共赏四十月薪水以示体恤，祈查照办理为幸。

再者，兹凯仕、益堂赴津与诸公会议章程，是创制始基，〔2〕似宜统筹先后全局，立言于一成不变之地，方妥。执事中外情形，胸明如镜，且同学英俊，多在水师，在此更张，开日后展布之路，伏望手挈要纲，曲画其间，当无不乐悉臻美备也。此颂台安。

如兄丁汝昌顿首。廿一在沽。

---

〔1〕罗丰禄，字稷臣，时任北洋海防营务处。

〔2〕指林泰曾、方伯谦参与会商拟定《北洋海军章程》一事。

162.致郁山[1]廉访

（光绪十四年四月廿四日 1888.6.3）

日前叠走津门，虽晤教至再，均匆遽未能尽言，甚以为怅。会议水师章程事，昨饬林营务处及“济远”方管带去津趋谒，台下谅已数晤。惟该员西国事务虽稍明晰，而于中国内地各节，未经谙练，一切尚望手挈要纲主持其间，采其可取实为断不可少者，补入之可耳。

弟到沽以来，逐日与仲瀛筹议船事，现已议有规模，六“镇”事先仅出海两艘，速行修理。余留沽四船赶将坞工做竟，所有应修各件，统俟入坞再行动手。闽船，琅议仍照前估之条办理外，尚有续添各件，已开单交由仲瀛，俟估定再与公参酌行之。“康济”改鱼雷练船一节，昨据耶松厂估工人端尼门估计，照折开各项，须银二万三千余两，并云先一月可将各件一律备齐，船到后再一月工夫足以安配，总计阅两月均可完竣。又据沽坞所估，其价不相上下，惟工竣日期不能相同。兹端尼门去津，仍望费神逐核原估各价，倘有过昂处，不妨当面驳减；议定后，再祈面禀帅听，并恳将沽坞所估情形亦为上陈，或赴沪修，或在沽办，候帅定夺后，统祈电知弟。以芗林屡次电催，到旅商事，不便久留，一切偏劳，纫感以之。此颂台安。

乡小弟丁汝昌顿首。廿四日在沽。

---

〔1〕周馥，字玉山，时任天津道。

163.致张次韩[1]

（光绪十四年四月　1888.6）

前者在沽，由“快马”送到毛瑟枪二百杆并随带各件，当经分交“致”“靖”“超”“扬”四船，业经奉复。兹该四船将关领陆续送齐，特并汇去，祈查收存案是幸。计关领四纸。

再启者：日前奉赐电知，四新船药袋之样，未经“镇海”带去。兹捡四船应行在岸装袋之药，计四出，仍由芗林兄转致。俟经寄到，即希转知东局照样装齐一并解旅备领。外单祈察。此达。再颂台安。

小兄汝昌顿首。

单开；

二十一生大炮重装药一出，“致”“靖”“经”“来”通用。

六寸径边炮轻、重装药各一出，“致”“靖”通用。

十五生边炮重装药一出，“经”“来”通用。

164.致刘芗林[2]

（光绪十四年五月初五日　1888.6.14）

兹者，“定”“致”“靖”“经”“来”五船请领火药，附去关领五纸，祈查照饬该管委员照发。

---

〔1〕张席珍，字次韩，时任天津军械局总办。

〔2〕刘含芳，字芗林，时任北洋前敌营务处。

又，前交存贵处各项零件箱，拟先取五箱，业经琅威理将应需某箱开交“威远”林管带认领，亦祈饬该管人发给为幸。其余各箱仍恳代存（后又改除棉纱一包、两大箱外，余零件箱均交“威远”带来）[1]。此次“威远”去旅考试新班学生，借厦抡才，前邀俯允，心感良多。兹者前往，尚希照拂，俟考毕当即旋防。请领各件，望饬一并发交此便带威。是祷！昨请转知各员造送履历一电，当已达到。此颂台安。

小弟汝昌顿首。五月五日。

外，关领五纸，计关领：

“靖远”领一号火药五百磅

“经远”领粗粒火药三百磅、三号火药四百磅

“来远”三号火药七百磅

“定远”三号火药五百磅

“致远”一号火药五百磅

再启者：“经”“来”两船应领年操军火折，前已送呈。兹将“致”“靖”年操军火折及“致”“靖”“经”“来”应存备战军火折计共三扣汇送，祈请查照为幸。

弟昌附状。

---

〔1〕此为原档抄录者所作旁注。

165.致周郁山[1]

（光绪十四年五月初九日　1888.6.18）

接船保员应送简明履历一节，武职中有须向闽中查取札底者，一时恐不能到。刻文职底业已累齐，兹开折送请查核。惟送部是否即是此式，以及可否先将此折会详咨部之处，统祈主裁办理。折内伯华及李襄国倘亦应送履历，希由尊处催取填入。王仁宝已电芗老索寄执事，俟到，请亦补到。武员履历，俟到齐，再寄呈。

再，“镇海”船一切薪粮，前经执事会同禀请改同水师一律，惟冬季应赏棉衣及遇有病故员勇人等烧埋银两，该船未能如一，殊觉向隅。矧其海上辛苦，近与水师各船亦颇相埒，可否曲予矜全，将此两节俯照敝军各船章程一律立案，俾同鼓舞群情，均沾实惠。执事履新在即，不妨将此一段公案仍出公手，以补其偏，想持平有素者无不乐为也。帅饮食迩能照常否？仍祈随时电示为盼。此颂台安。

乡教弟丁汝昌顿首。五月初九。

外，清折一扣。

---

〔1〕周馥，字玉山，时任天津道。

166.致袁慰廷[1]

（光绪十四年五月十二日 1888.6.21）

十一日奉相电。汉城以失孩事谣言甚多，令酌派“超”“扬”两船前往仁川查探，会同执事妥办等因。旋准询船之电，当即电复，谅邀鉴及。兹拨“超”“扬”两船往仁，倘须水勇赴汉城，每船约抽一二十人去，择从事妥慎水师官一、二人领带前往，并派差官张得旺随同照料，惟该弁等口岸交接多有未谙，到岸后一切悉听指麾约束，勿使稍有大意，致外人藉口生端，是为至要！船泊港内与岸相近，船主不可离船，恐遇大风有拖锚等事，无人主持，诸多未妥。已将各节大略电禀帅听矣，祈查照行之。为幸！此颂台安。

如兄丁汝昌顿首。五月十二在威。

167.致高仲瀛[2]

（光绪十四年五月十六日 1888.6.25）

兹“定”“镇”“致”“靖”“经”“来”六船须制炮靶，以及修做子弹舱等件，开折请领各项前来。兹汇开清折送上，祈查照核发。附刘公岛新造鱼雷厂应领四项，亦恳一并照发。此颂台安。

愚弟丁汝昌顿首。五月十六在威。

---

〔1〕袁世凯，字慰廷，时为中国驻朝通商事务总办。

〔2〕高骖麟，字仲瀛，时任大沽船坞总办。

168.致朱伯华[1]

（光绪十四年五月廿一日　1888.6.30）

兹送呈管轮、驾驶日记各两本，系敝军每月造呈海军衙门、中堂处两种底式。其呈中堂者，内开官弁人等花名，均据当时现有人数开列，与饷册一样，非照额设数目，敢祈详察。余候面商。此颂台安。

如兄丁汝昌顿首。五月廿一日。

169.致刘芗林[2]

（光绪十四年六月初十日　1888.7.18）

一昨津门之行，饫承绪论，足沃我心。虽有平原十日之聚，而假榻援餐未免有烦东道，不觉悦心之后而愧心起也。此维新猷日著，荩履时绥，当如所颂。子弹表已饬各船核对，一俟核妥再行咨送。六“镇”“康”“威”、屯船现存火药，业经查明，汇折呈察。周礼等履历出身已催补到，另文咨送。郁翁所要号衣书，捡两本附去，祈转寄为荷。前会禀“康”“威”赴闽改修一案，已否奉批？惟该船须先去闽勘估，未审帅意拟令何日前往？倘有定夺，仍恳探明先为见示，俾得及早预备，免临措办不及，又延时日。是为至祷！此颂台安。

乡小弟丁汝昌顿首。六月初十日。

---

〔1〕朱福荣，字伯华，时任海防支应局委员。

〔2〕刘含芳，字芗林，时任北洋前敌营务处。

附火药一折，号衣书两本。

170.致张次韩[1]

（光绪十四年六月十七日　1888.7.25）

一昨小住津门，饫聆雅颏，兼叠叨扰，快忭交萦。此维起居曼福为颂。承示阿白吉尔地轮所运阿摩士庄厂续配“致”“靖”暨雷艇、“超”“扬”装药器具并各项共三箱，刻下未知已由怡和洋行转运来津否？俟到，蒙点验后，并校量克鹿卜三十生半、十五生炮用量子弹器具以及前膛炮尺等件，侯东局试用毕，一并恳饬运解旅库存储，幸咨后，再派船去旅点收可也。承寄两单均谨存之。此复。即颂台安。

如兄丁汝昌顿首。六月十七。

171.致高仲瀛[2]

（光绪十四年六月廿五日　1888.8.2）

“超”“扬”两船锅炉座年多未换，有朽烂处，行船殊恐未妥。兹该两管带请领木修换，祈发一寸厚一尺阔柚木：“超”一百五十尺，“扬”二百尺，以资应用是幸。此颂台安。

愚弟丁汝昌顿首。六月廿五。

---

〔1〕张席珍，字次韩，时任天津军械局总办。

〔2〕高骖麟，字仲瀛，时任大沽船坞总办。

172.致罗稷臣[1]

（光绪十四年六月廿六日　1888.8.3）

昨奉手翰，葛果德一节业电复，当邀青及。枪炮教习雷登费纳宁前在“康济”，昨拨刘公岛住岸教操；希勤司仍在“镇远”。惟该教习等，水师无论某船某处均可派往，兹不过就现在居差之所，折以奉告耳。此颂台安。

如兄丁汝昌顿首。六月廿六。

173.致陈敬亭

（光绪十四年七月初十日　1888.8.17）

“致”“靖”两船过烟需煤，俟该船到烟，计应装煤多少，由该管带开条赴贵局走领。即祈查照发给，速为磅上是幸，此颂升安。

弟昌顿首。七月初十。

174.致盛杏荪[2]

（光绪十四年七月初十日　1888.8.17）

连奉帅电，饬派船赴台湾。兹拟派“致”“靖”两船前往，惟该两船

〔1〕罗丰禄，字稷臣，时任北洋海防营务处。

〔2〕盛宣怀，字杏荪，时任东海关（烟台）道。

饷项未及赴津请领。祈由贵关暂借库平银壹万两，交“致远”邓管带手领。此款或由支应局划销，或由弟处日后拨还均可。此恳。敬颂台安。

愚弟丁汝昌顿首。七月初十。

175.致茅少笙

（光绪十四年七月初十日　1888.8.17）

现派“济远”到旅请领各船军火，俱各备关领，即祈查照发给是幸。

又，芗林兄昨有函来，由贵库取枪炮通用火药三千磅，计五十箱，系盛杏荪兄用，亦望查照送交“济远”便带烟台。

外附去试过二十一生并十五生炮子，芗林兄曾属试后捡回备验，望查收存库是幸。此颂升安。

愚弟丁汝昌顿首。七月初十在湾。

176.复盛杏荪[1]

（光绪十四年七月十一日　1888.8.18）

顷奉复示。前允假银两以济饷需，感甚！惟据该管带面称，加色之银发饷未便，尊款一节，可作罢论，前信即请钩销为幸。此颂台安。

弟丁汝昌顿首。七月十一在烟。

---

〔1〕盛宣怀，字杏荪，时任东海关（烟台）道。

177.致沽坞

（光绪十四年九月十六日　1888.10.20）

仲瀛[1]、廷一[2]仁兄大人阁下：

兹敝军“定”“镇”“超”“扬”四船有修配应用各料件，开折请领，经核后汇录一折，祈查照发交“定远”船此次到沽之便，携带去威应用为幸。

再，“定远”应添煤吨，俟该船钤领到，应添若干，祈转饬照发。即颂台安。

愚弟丁汝昌顿首。九月十六日。

折一扣。

178.致沽坞

（光绪十四年九月十六日　1888.10.20）

兹查“敏捷”请领各项，尚有未经贵局发给各件，现需甚迫。用将未领到各种，逐开清折并洋文单一纸，即望查照发交“定远”此次来沽之便，携带去威为幸。手此，即颂台安。

愚弟丁汝昌顿首。九月十六。

---

〔1〕高骖麟，字仲瀛，时为大沽船坞总办。

〔2〕高骖麟，字仲瀛。顾元爵，字廷一。时为大沽船坞先后两任总办。

179.致张次韩[1]

（光绪十四年九月廿二日　1888.10.26）

“敏捷”练船昨经该管带禀称，尚短铜号两支，尚祈查照发给兵船所需铜洋号两支，交去弁带由弟发给该船，俟回威再饬补具关领送旅顺存案可也。此颂台安。

如小弟丁汝昌顿首。九月廿二。

180.禀刘爵帅[2]

（光绪十四年十月廿日　1888.11.23）

敬禀者：窃汝昌本月十六奉宪台札开汇奏攻克后山番社，丁汝昌拟请赏给头品顶戴，并应造具出身履历，立等咨部各等因。奉此。伏念汝昌自束发入伍，即隶帡幪，叠邀擢拔，始有今日。前以协剿叛番，不过周旋鞭弭，敢云稍报涓埃，乃蒙特奖之非常，予头衔于极地。自惟凉薄，何实以副？既加破格之恩，第永弗谖之矣。其应遵饬造具履历，除“靖远”已电饬该船先后请奖七员由闽就近呈送外，所有汝昌及随带员弁并“致远”计随折二员应造六份，前续交吴、李两提督代呈十四文武衔名计造十四份，一并附呈鉴汇咨。所有汝昌仰邀恩奖，感激下衷，以及遵饬造具履历各缘由，理合肃禀。恭请崇安，伏乞垂鉴。

---

〔1〕张席珍，字次韩，时任天津军械局总办。

〔2〕刘铭传，字省三，时任福建台湾巡抚。

沐恩汝昌谨禀。廿日。

再禀者：汝昌自从军以来，凡三十年，备历险艰，绌于赢蓄，长子读书甫见成效，不幸夭亡；仅余中子，年已及冠，虽经童试，难必成名，昨承友人顾念，为捐江苏县丞，拟恳宪台附入后山案内，赏保一阶。汝昌身被厚恩，已难报称，又何敢以细小上渎钧聪？第以晚年一线之延，得不代图地步，为日后生发之路。知宪台加爱有素，造就尤深，故敢冒昧为请。附呈衔条，伏乞钧察。再叩爵绥。

汝昌谨再禀。十月二十。

181.禀刘爵帅[1]

（光绪十四年十一月十九日　1888.12.21）

敬禀者：窃汝昌前于十月廿日曾肃寸禀，叩谢恩施。附汝昌并邓管带附折保案，应送履历各三本，以及交由吴、李两提督代呈拟保文武十四员履历各一份，当蒙鉴核。嗣准邵藩台及营务处先后咨称，请奖人员俱应各造履历三本，汇请核咨等因。汝昌当即分饬各该员，其已造送一份之解茂承等十四员各补送两份，共二十八本；“靖远”回防，据称除该管带履历三本已自禀呈宪鉴外，其余刘冠雄等六员各遵造三份，共十八本；其续经禀请之丁葆翼一员以及由万、张两统领代请之蓝建枢等三员履历，兹亦饬各造三份，共十二本，一并附呈。是否同蒙恩准附奖之处，出自格外鸿施，不胜爱戴悚切之至！外将先后请奖各衔名以及两起造具履历本数，分别详开清折附呈赐察。理合肃禀。恭叩爵绥。

---

〔1〕刘铭传，字省三，时任福建台湾巡抚。

汝昌谨禀。十一月十九自厦门发。

外，清折一扣，履历五十八本。

【光绪十五年】

182.禀爵帅[1]

（光绪十五年二月初七日 1889.3.8）

敬禀者：后山一捷，各处函托附保衔条如九秋落叶，扫却不尽。明知事有限制，故每有托函当即婉谢，怨菇讟之兴，所不敢计也。张纫翁令弟佩绪，旧岁曾有友人函托附保，汝昌因请保人员已觉溢分，不敢冒渎。昨汉春兄转到宪台复电云，保案春末夏初出奏，张九兄保案令汝昌送呈。兹谨将张公衔条、履历一并遵寄。

又，汉春部下洪、唐两弁，亦函挽代求列保，第有一同附呈。祈酌察行之。肃禀。再叩爵绥。

沐恩汝昌谨再禀。

183.二十一日致复州朱得轩司马

（光绪十五年二月廿一日 1889.3.22）

前敝军饬朱游击在复州圆台子订购煤斤后，该窑未能交足原购煤数，

---

〔1〕刘铭传，字省三，时任福建台湾巡抚。

余银应令缴还一案，曾蒙贵前任陈司马代为讯追，迄今尚未了结。伏望阁下俯查前情，饬其速缴，以期从早结案为幸。此恳。再颂升安。

弟又顿首。

184.复东局沈[1]、潘、刘、张

（光绪十五年三月初一日　1889.3.31）

昨奉手毕，祗悉一切。客岁尊复装药各节，并签出四条一笺。时将南行，当在威防传知各船遵照，并函复贵局，俟来春再为办理。未经见收，不知浮沉何处。今准函示各项，容事竣再饬各船照办。此颂台安。

丁汝昌顿首。三月初一。津。

185.复唐景星[2]

（光绪十五年三月初二日　1889.4.1）

手毕及咨稿读悉。查敝军订用贵局煤斤，若何起卸，记原议并入其中，照办已久，从无他说。今乃大作变更，此款无从消纳，此后烟、威两口交收煤斤，无论敝军有无码头，仍由尊局包送到堆煤处所。至各船领用，由堆复运到船之费，概由敝军自认。烟台煤栈一时亦难自设，且贵局在烟发售煤斤亦不仅水师一处，似宜照旧办理，未为不善，不必又作一番举动也。

---

〔1〕沈保靖，字仲维，号品莲。

〔2〕唐廷枢，字景星。

尊咨大稿奉缴，无须另备文牍。希俯照行之。此颂台安。

愚弟丁汝昌顿首。三月初二。津。

186.船政裴大臣[1]一件

（光绪十五年三月初六日　1889.4.5）

樾岑节使大人阁下：

新正由闽起程，直抵歇浦，勾当快船进坞，住将一月，始归北洋。昨来津谒相，询及闽中情形，昌对以尊者谕及“龙威”约四月齐竣，台旆尚欲乘以北来商筹闽厂经费之事。相问新坞及广东订造快船情形，驾如北来，希将两项图说带下为幸。起节有日，先赐一电，昌在威海迓楼船随从去津，以便傅相咨询一切。届时伏祈行尊过威，幸得接迓为前导之趋。“康济”工程如何？是否先来？抑系同“龙威”一齐北来？恳赐示数行为叩。此颂台安。

丁汝昌肃。三月初六津。

187.复吕庭芷[2]

（光绪十五年三月初九日　1889.4.8）

前次津门曾诣堂奉候，值公出，未获一罄怀抱为歉。后承枉顾，又失迎迓，尤极惭恧，惟荩履佳善为颂。

---

〔1〕裴荫森，字樾岑，时任船政大臣。

〔2〕吕耀斗，字庭芷，时为天津水师学堂总办。

请假之管轮学生，除刘、周、汤、赵四生尚未来津外，其张葆蓉等十五名今蒙来船。查在单开郭之骏一名尚未随来，称系临时患病，应准赶速调治，俟刘国桢等四名到津，请饬该郭生随同到船供职，不得久旷致误。此颂台安。

丁汝昌顿首。三月初九日在津。

188.致张次韩[1]

（光绪十五年三月初九日　1889.4.8）

在津诸多叨扰，兼承惠派小轮，合军士卒全无濡滞之虑，感戢尤深。所需作样子弹，一时照数捡奉，实来不及。兹先将急须作样之哈乞开士各样子弹等件，饬令“定远”查所有者各捡两颗附呈。外具清单，祈查收为幸。此颂台安。

如兄丁汝昌顿首。三月初九。沽。

计开清单；

哈乞开士四十七密里钢子二颗，撞信与五十七密里同（未配，毡垫无），铜壳二个。

又，三十七密里开花子二颗，群子二颗（座子太大，与铜壳不对），钢子二颗（撞信子未配），铜壳二十，毡垫二个。

又，五十七密里开花子二颗，群子二颗，铜子二颗，铜壳二颗，撞信子二个，毡垫二个。

〔1〕张席珍，字次韩，时任天津军械局总办。

189.复吴徵三[1]

（光绪十五年三月十五日 1889.4.14）

昨由津门旋威。奉手谕，祗承一切。藉谂雄旆已安旋沪上，维勋履胜常为颂。

敝军鱼雷大副林立金，现已禀请咨补中军中营守备，业经奏准在案。甫行定章，旋又轻易更动，自问殊不成事。昨已饬邓管带速电该员，克日来防。望执事得此信后，倘彼仍未动身，即恳转饬星夜北来，以重职守。倘执事诚以该弁为（不）[2]贵军不可少之人，须禀南洋大臣咨明北洋大臣达部开缺，似尚可办。日后敝军遇有本船升调本船之缺，仍应禀请咨明办理。既曰南北一家，更须事归一律也。祈老哥俯察行之。是幸！此复。敬颂勋安。

如弟丁汝昌顿首。三月十五日。威。

190.致罗稷臣[3]

（光绪十五年三月十六日 1889.4.15）

"镇远"德员总管轮衣甫兰脱，刻销差回国，其应领薪水截至西历四月底止。其应赏一个月薪水以及回穗上等舱位船价，伏请查照定章付给。两项是否以前领过，亦望查明再行核发。至应行分别详咨之处，会衔与否？并希照向日成案一律办理。了当后，敢望示复为叩。到威后，逐饬纠办新

〔1〕吴安康，字徵三，时为南洋水师统领。

〔2〕此"不"字疑为衍出。

〔3〕罗丰禄，字稷臣，时任北洋海防营务处。

章饷册以及查核资俸等事，俟略有眉，即带同各船出海操阵，驶至大连湾演炮打靶，并逐试鱼雷。“威”“敏”两练船拟先令出海，在北洋一带驶练。知念附陈。此颂台安。

如兄丁汝昌顿首。三月十六日。威。

191.致高仲瀛[1]、顾廷一[2]

（光绪十五年三月廿日　1889.4.19）

兹令“威远”“敏捷”出海操，有需领之件，饬先过沽上。查“敏捷”前经该管带禀请行海应备要件急须候领者外，照开一折，祈即查照发给，俾资应用为幸。此颂台安。

愚弟丁汝昌顿首。三月廿。威。

外，折一扣。

192.致张次韩[3]

（光绪十五年三月廿日　1889.4.19）

月之初九日曾沏一书，并附哈乞开士作样子弹，外具清单，交“快马”寄上，当蒙照数收入。兹复由“经远”查取四十密里快炮钢弹、开花弹各两个，又前面属全军格林作样子弹，兹查取共六个，外具清单一并奉

〔1〕高骖麟，字仲瀛，时任大沽船坞总办。

〔2〕顾元爵，字廷一，时接任大沽船坞总办。

〔3〕张席珍，字次韩，时任天津军械局总办。

去，统祈点收。

再，“威远”前由贵局领到新购十生零半炮，未曾随带炮表前来，致放炮一切无从查考，伏望核查捡交“威远”林管带为幸。倘原来随炮并无此件，可速函致该厂补送前来。“威”“敏”两船出操过津，已属如短军火，具关领由尊处请发，祈查照。此颂台安。

兄汝昌顿首。三月廿。威。

外，单并匣祈察。

单开：

格林炮子三包，一包两颗（“康”“威”同，“超”“扬”“六镇”同，“致”“靖”同）。

克鹿卜四十密里快炮（钢弹两个，开花弹两个，毡垫、撞信全）。

193.致东局沈〔1〕

（光绪十五年三月廿日　1889.4.19）

月朔在津曾答一笺，当邀察及。承属送各种药袋作样仿装一节，昨由津归威，当饬各船将未经送样者，分别药袋、袋式捡呈前来，并装法情形一律注明。所呈袋中有药者应由贵局装就发给，无药者请照制空袋发由敝军自装。外具清单并药袋、袋式各一箱，统祈查照，见收示复。

愚弟丁汝昌顿首。三月廿。威。

并折一扣，药袋一箱。

---

〔1〕沈保靖，字仲维，号品莲，天津机器局总办。

194.致罗稷臣[1]

（光绪十五年三月廿日　1889.4.19）

兹令“威远”“敏捷”出海操练，先过沽上，藉领应需各件。吕文经处应办事件如已办完，即请知照前往“敏捷”，仍食该员原领薪水。到该船暂行大副事，随同出海，俾可研究北洋练船操艺程途，日后得以遴用。希查照转知为幸。“镇远”总管轮衣甫兰脱销差，前已函告，当邀省识。兹将“定远”迈思脱调赴“镇远”继办衣事，附闻。手此，即颂台安。

兄汝昌顿首。三月廿。威。

195.又致沽坞

（光绪十五年三月廿日　1889.4.19）

前由贵局请领焦炭五十吨，经发交“定远”五吨，到威过磅，仅三吨有奇，数目甚为悬绝。祈饬查。“西”“南”进坞，如东来时，祈各发两船焦炭每十吨带威应用为幸。此颂台安。

弟昌顿首。三月廿。威。

外，“威远”请领各件清单，祈照发。

---

〔1〕罗丰禄，字稷臣，时任北洋海防营务。

196.致刘芗林[1]

（光绪十五年三月廿七日 1889.4.26）

三春将尽，适当稍暇，亟须乘间一操。刻带各艘齐集大连湾，捡军火粗备之炮，先行打靶。然后校演鱼雷，尚须福来舍前来会同考验，望转知，即乘去船来湾为祷。尊处倘有仍须该员之处，事竣即送回旅。

各船请领军火一节，兹先将额存一项查有欠缺各件应行补足数目汇开一折，送请核发。其军操应需军火数目曾与执事议有定章在案，敢祈查照咨会，运解来旅。约在何时齐到，请先期示悉，以便专船走领，以备军实而重操防。实深同幸！此悬。敬颂台安。

乡小弟丁妆昌顿首。三月廿七。湾。

外，清折一扣（原折送岸，钞未送还日记）。

再启者："定""镇"打靶所存黑药未能合用，兹将该两船三十零半生各检八出，十五生各检十二出送呈，请查照饬换黄药，速交"来远"带湾候用打靶。倘贵局惠允抵换，固属省事；若有未便之处，只得将送去黑药作为缴项，由贵局照数给一收条，发下黄药作为领项，随后令两船补具关领送请备案，酌裁行之为幸！五船素常炸弹一概缺乏，用外国所购钢弹打靶，未免可惜。便中咨提军火时，先将此项注明急需，期可速运。现试鱼雷，尚须烦罗哲士前来帮同校验，允可即转知同福来舍即乘"来远"前来为幸。操竣，如暇过旅，再面谢。

小弟汝昌再顿首。

---

〔1〕刘含芳，字芗林，时任北洋前敌营务处。

197.致刘芗林[1]

（光绪十五年四月初一日 1889.4.30）

昨由马递驰寄一书，并钞禀军功作把总、外委奉批全案，以及履历格式，知已否达到。“来远”到湾，欣承手示及分示表单，均敬阅悉。旅库无存等项，蒙即筹办，纫感良深。俟“利运”装载来旅，祈查运到某件，赐函见示，以便专船一齐请领，免得零星散涣，难归划一也。此批军火，前函声专系补足各船欲存缺数。其本年年操应需军火，前议定数具在冰案，仍恳费神预为知照津，遇船续运来旅，以便汇领领为幸。蒙单开取样备件，已饬知各船，容查送前来再呈上可也。鱼雷木靶尚在威海，日后遇便当即运缴。呈去黑药已蒙饬存，并准如数换到栗色饼药，甚感！甚感！南船北来会操，有电清和六日由沪起程。弟原拟初八由湾回[2]威，台从既偕祝老来湾，甚喜一晤，得商各事。候驾一日，初九再为南渡也。福来舍事，查原来饭资每月九十元（此项仍按月给领），后经该弁与琅私议每月只需三十两，弟方据其所拟禀办。今如公言，须另为设法。俟回威倘有可以置议之方，胡不乐该员益加鼓励耶？陈文棋，敝军除号衣书外，别无给事，一经蒇事，即令回旅供职。并陈。祇复。敬颂台安。

乡小弟丁汝昌顿首。清和朔。湾。

---

〔1〕刘含芳，字芗林，时任北洋前敌营务处。

〔2〕此此字原文写作“由”，据文意径改作“回”。

198.复刘芗林〔1〕

（光绪十五年四月初五日 1889.5.4）

“遇顺”来，敬承手毕，聆悉种种。前见寄一单，仅查取三宗，素有存样，送祈查照；其余均无存样。现在行次，匆促难以绘图，望阁下先尽有样者办理可也。外，分别开具一单，并祈登入为幸。

小弟汝昌顿首。清和初五。

单开送样各件：

救生球用方蓝火号一个

“定远”名电拉火、“济远”名电气，均铜螺管电火一个（带线）

电信子一个（雷用）

无样各件：

电信引火帽

速着火引（洋火罐用）

慢着火引（慢着引火绳、引火绳同一物）

铜碰引（配长火号用）

手火罐（洋火罐、火罐同一物）

〔1〕刘含芳，字芗林，时任北洋前敌营务处。

199.复德璀琳〔1〕

（光绪十五年四月十二日　1889.5.11）

昨展来函并怡和各单，均阅悉。乐教习事，在湾曾电复，当陈省览。乐童须俟五月领饷船便载赴津门，教习薪水数目即照原议，届该童开学之日，方能起支，惟查照办理为幸。怡和事，“济远”方管带称，按公法行船碰泊船规条，一切花费均应归行船付偿。在沪时，曾公同状师与该行议明、照办各等情。查怡和与水师素称谂好，似此区区之款原不必一味认真，然曲直既以公法为衡，担文及管轮两酬款自应仍归该行一例照给，公论使然，非故吝也。洋单一并缴还，望照转达，实纫公谊。复颂升安。

名另具。四月十二。威。

200.致刘芗林〔2〕

（光绪十五年四月十五日　1889.5.14）

所呈石胆如何用法，前函曾经陈明。嗣“镇西”管带归，据称：公当作在手弹丸，逐日摩娑，未曾钻取内含清液一为点试，殊觉非当。号衣书已画就，精致已极，微陈生之力不及此也，惟尊处旷公多日，自问殊不近情耳。谢谢！兹派“镇西”送彼旋旅，石胆用法已属其面陈，祈按法一试，俾期速效。敝军前作屯船两艇早经腾出，除护军拨用一只外，余者一只应

〔1〕Detring，汉名德璀琳，英国人，时任津海关税务司。

〔2〕刘含芳，字芗林，时任北洋前敌营务处。

请派人驶去应用。弟所请出各等品功牌，现拟将历年发给某某各衔名，汇案禀请咨部。除本军得有功牌之弁勇等，已由弟查取外，所有贵营先后由弟处发给功牌各弁，即祈饬开姓名、籍贯、年岁以及现供何差，一并逐名汇录一折寄下，以凭合案出详。

又，海军提标欲设军械两员，其游击一员已会议，拟请以副都统成鹤借补；其守备一缺，拟请以阁下前议之郝弁升署。该弁出身、年籍、三代履历，即祈饬照赶造，速送前来，以凭禀办为幸，此颂台安。

乡小弟丁汝昌顿首。四月既望。威。

再者，昨据“康济”萨管带电称，据辛格立云，鱼雷机筒若在北洋配，甚费事，恳电寄闽等情。查此项机筒，前由尊处购买。约何时可以寄闽，敢祈详示。缘“康济”各项工程五月间一例告竣，候配雷筒即可北来也。此恳。并望见复，以凭转饬知照。

弟昌再顿首。

201.复复州朱得轩

（光绪十五年四月廿四日　1889.5.23）

承附示欠交军煤一案，查商人本属不报，以致前后不能相符，究由该委员办事荒唐，认人不的。但此事已在冰案，应如何归束之处，即恳准情酌理，片言析之，总期从速了结。是为至幸！

四月廿四。

202.致罗稷臣〔1〕

（光绪十五年五月初一日　1889.5.30）

再启者：海军号衣，迄无良法。昨日两镇拟来图说一本，兄公同商核，尚称粗妥。惟念体制攸关，必须斟酌尽善，不然人之多言，将有起而议之者。故持专函责送，惟祈详为考校，损益折中。如有简明之法，尤望惠赐删改。一经完妥，希面陈帅鉴，请示施行。倘蒙谕可用，即将就近付之剞劂。若应须公牍呈进，仍希由尊处会衔，禀请相帅转达海署酌夺，分别颁行中外。诸望费神，实纫公谊。

兄昌附状。五月朔。

203.致沽坞

（光绪十五年五月初一日　1889.5.30）

敝军机厂配制零件，有可以废铜熔造者，望将贵坞所存由船底揭下废铜板捡发十吨，交“经远”带威应用。敝军装水之船当已工竣，卸煤驳船是否开工？均祈见示。蒙制水鼓，亦交“经远”带来。再颂节釐。

弟汝昌附状。五月朔。

〔1〕罗丰禄，字稷臣，时任北洋海防营务处。

204.致东局

（光绪十五年五月初一日 1889.5.3）

敝军“敏捷”练船本系货船改配，昨巡洋归来，据该管带禀称，行驶海上，底舱太轻，多有未妥，请添压载前来。查此次原来装货之舱，现改住勇，未便以沙石压载。因念贵局当不乏已经作废之铁，无论何件，乞饬发五十吨，交“经远”运威，俾资压载为幸。设本无存，望即见示，当再禀请购买也。再颂台祺。

昌附状。五月朔。

205.又致沽坞

（光绪十五年五月初三日 1889.6.1）

“敏捷”练船本系装货之船，改配屯勇，究形底轻。昨者巡洋归来，据该管带禀称，驶行洋面遇风多有未妥。拟将最关紧要之处，吁请改修前来。当属琅威理带同敝军机器厂洋匠前往勘验，据称机厂可以代修。应需料件已令该船开单前来，照钞奉去，祈查照发给，交“经远”带来为幸。

弟昌顿首。五月初三日。

外，折一扣。

206.致德璀琳[1]

（光绪十五年五月初四日　1889.6.2）

迳启者：前承允尊处代教乐军一节，兹饬该童等随“经远”前来，所有人名、饷册以及在册人等夏季三个月口粮共京平银□□□□□□[2]。又，教习津贴每月京平银一百两，先付三个月，共京平银三百两，一并属由敝处中军送交尊处妥存，按月查照发给。自该童到津开学之日起，以五个月为度。请饬该教习一律教精，以便届时令撤回船校演是幸。至该教习尚有津贴两个月二百两，俟秋间再乘领饷之便寄去。诸费清神，容日后到津面谢也。此颂升祺。

名另具。五月初四。

外，乐童名、饷册一本并银。

207.致张次韩[3]

（光绪十五年五月初四日　1889.6.2）

客岁蒙交下新式六出手枪，经琅威理试放后，曾于去夏四月十六函复可用，并将原枪缴回，恳照购五百枝，应带若干子弹以及随枪零件须各齐全一案，刻下此件倘已购到，希即点交“经远”此次去津之便带来，随后另文咨请备案。

---

〔1〕Detring，汉名德璀琳，英国人，时任津海关税务司。

〔2〕原文此处空白。

〔3〕张席珍，字次韩，时任天津军械局总办。

小兄汝昌顿首。五月初四。

208.致张次韩[1]

（光绪十五年五月初五日　1889.6.3）

四月廿五南洋到威，连日集商会操各节，故不暇赴津。一俟将应需号令演有大致，即行合队出海操巡。《海军章程》南洋见索，昌已无存，望即捡寄十部，交此次领饷之便带下。各船军械日见繁增，必须责有攸归，方足以昭慎重。所有章程额设军械游击一缺，即拟以前者所议之成都统禀请借补；守备一缺，以旅顺之郝芗升署。以需人孔亟，行即禀办，特布。祈分别转知。

又，德三处需小轮艇以供载运，敝军小轮遇风不能涉远，查船坞新造小轮一只，当已工竣，可否禀请派归护军应用之处，望主裁办理。刻饬中军严守去津领饷，出沽入沽望派"快马"一渡为幸。

兄昌再顿首。五月初五。

209.致刘芗林[2]

（光绪十五年五月初六日　1889.6.4）

节前得清和廿及廿四所惠两书并大稿折件，均敬读悉。机器图事已照

〔1〕张席珍，字次韩，时任天津军械局总办。

〔2〕刘含芳，字芗林，时任北洋前敌营务处。

询琅公，据称西国船厂无论何人造船，应给图式均随船附去，此外零星分图，纵彼国家购船，概亦不能遍给等情。询子香，称亦相同。陈文祺条陈阅悉，若逐将机舱所有之件一例持画，纵置船在坞，亦不易办，况或行或泊之际耶。日后图画一节，只能将舱面、机舱不时修换以及原有备用各件查取绘图，以便届用仿造可也。昨稷臣来电，前会禀请调画图闽生八人已动身来烟，饬“遇顺”前去一接，或仍派“镇西”往渡到旅，统归尊处主裁。派坞定章后，应饬往某处画图，日后再为举办。缘刻下敝军船上既无闲处可置，岸上亦无室足以敷陈，惟有仍请麾下定夺后再分派。“超海”前仅取彼船备用轮叶代换一次，并未留图。艇船早已饬将应行修换零星备妥，前赴石岛阜矣。旅顺公所逐望费神，空心石不钻而锤，恐水溢于不及觉矣。此叩台安。

乡小弟丁汝昌顿首。五月初六。

原寄稿、折各一件，奉缴。此次敝军随“镇西”请领零星军火，祈饬查照领字发给。

210.光绪十五年五月复丁笛梅

（光绪十五年五月初九日　1889.6.7）

昨准来牍祇悉。拟调敝军学生张步云供差一节，已饬该生遵照前去，勤慎将事，一如原船。贵船既调该生，必察其尚属可用，倘过船后，从公碍劳，遇有三副等出缺，应请酌补，免得久充无职之差，于公未便也。其现支薪粮每月十四两，敝处发至五月十五止，自五月十六日起，再由贵船接发，以昭划一。查该生在北洋练习多年，今开学生之缺，赴尊处之调，日后教养悉赖麾下，伏希加察为幸。此复。奉缴大版。

愚弟丁汝昌顿首。五月初九。

211.禀复九帅〔1〕

（光绪十五年五月十七日 1889.6.15）

敬禀者：窃提督顷承复谕，顿释离衷。方悚惶滋妄语之愆，荷栽植且因材而笃，感同身受，矢永心藏。恭维宫太保爵爷鼎禋萃豫，颐福恒丰，仰跂燕誉，弥深夔舞。周都司德润，多年介胄，一旦权符，微蒙破格裁成，依旧投闲落莫，该都司受恩既渥，自必报效竭诚，尚乞策励时加，俾得黾皇无怠，吴镇安康带领各船来威后，逐日两军以小轮会演各阵，并于夜间加操御敌各法，所有行海应用号令一经就熟，约在本月下旬当可巡阅各口，俟定准出海之期并应巡阅某口之处，届时当会同吴镇电禀上闻。知关燕念，谨附陈之。肃禀。恭展谢忱，虔叩爵绥。

提督汝昌谨禀。五月十七。

212.复德璀琳〔2〕

（光绪十五年五月廿三日 1889.6.2）

迳复者："经远"归，奉答告，具悉乐童及教习三个月薪费俱荷照收，并属教习认真教演，感可胜言。承已代修乐器，计费五十五元，现以巡洋

〔1〕曾国荃，字沅甫，时任两江总督。

〔2〕Detring，汉名德璀琳，英国人，时任津海关税务司。

在即，容归来再为办理。尊意拟另购乐器一节，容操竣去津晤面后，再会同查验议办不迟也。复颂升祺。

名另具。五月廿三。

213.复沽坞

（光绪十五年五月廿三日 1889.6.21）

廷一、仲瀛[1]仁兄观察大人阁下：

“经远”归，奉答章，祗承种种。水船两艘收到，“敏捷”领件除角铁及铁板各项贵处无存未发外，余者均饬该管带照寄开之折点收。承询驳煤船一节，查此件，前经琅威理同此次所制水船同案，禀蒙相帅面允准办，当即一并绘图送交贵坞制办。今水船已成，仍请查照水船成案一律办理为幸。此次请领废铜板，敬悉尊处无存，俟后倘有储蓄，务恳代留十吨，以便遇用再领可也。此复。敬颂台安。

愚弟丁汝昌顿首。

214.复东局

（光绪十五年五月廿三 1889.6.21）

“经远”旋威，奉赐复，祗聆种切。并蒙发到补足前案数目之压载废铁，计有十吨之谱，业经收讫。惟此次请领废铁，承示有废水柜数件，块

〔1〕顾元爵，字廷一。高骖麟，字仲瀛。时为大沽船坞先后两任总办。

然一物，甚赘，未复。念尊处炉锤广运，可否饬近代拆成片，俾适于用，如何？否则，不能用之炮子等件亦可。此颂台安。

丁汝昌顿首。

再启者：顷奉赐缄，恭悉海军衙门另调机匠接充昆明湖轮船管机，贵局属由敝军拣选赴补一节，现查有陆保一名，在北洋兵船管轮多年，六年间曾随赴英接带快船，为人甚属老成，特派前往祈察可否，再为禀送。该弁履历已属自呈。再颂台安。

汝昌再顿首。五月廿三。

215.致刘芗林〔1〕

（光绪十五年五月廿五日　1889.6.23）

一昨在威，曾将分队操巡各节由电布告，当邀省览。现已到烟，将应用各节添足，弟即会同徵三带八艘去三韩东南各口，并北至海参崴走阅一周，约两月工夫当可旋役。凯仕会同南洋各管带合七艘，周历北洋各口，并属过旅，西澳船位一节，如可试泊，祈就近属凯仕详细量度，加意一试为幸。其余有敝军应办事件，亦请一并转属，缘弟暂且无暇赴旅也。

敝军历领毛瑟枪子，屡屡演放，铜管开裂者不一而足。上月末旬，“镇远”交由洋教习鲍察试放，以铜管爆裂，将枪膛来复线炸坏，枪首并亦挺起，当令各船将所存毛瑟子每箱取数十颗试放，不过火者间或一有，而铜管炸裂者大率有三分之一，查半系光绪十一年起历年所造者，似此情形，平时操练用时留神，庶几不致自伤，若经临事，诚恐有误，兹特令“镇

〔1〕刘含芳，字芗林，时任北洋前敌营务处。

远”将放过裂管及未放原子各捡一百颗，祈查照饬一验试，应如何办理为宜之处，希决裁之为幸。现各船拟将存之毛瑟子呈缴，倘贵局有运到者，先请酌换若干，发交去旅各船领回，以便试放，实纫公谊。至枪子管裂详情，已属凯仕面陈，祈赐询为幸。此颂台安。

乡愚弟丁汝昌顿首。五月廿五。

216.复东局

（光绪十五年七月廿八日 1889.8.24）

敬复者：昨巡洋归，两奉惠书，只承一切。蒙贵局装制“定远”“威远”“敏捷”“超勇”“扬威”并枪炮学堂边炮药袋五种，共三十出，兹“镇西”来津，即祈捡交该船领回试用，至每种仍请代装若干，俟各船将此次袋药赶紧试放后，当再函布。前派赴贵局陆保蒙赏资回防，足徵宽以敦下。查该弁谨朴有余，故有时讷于言语，谓有疯症而派充要任，断不敢唐突乃尔也。昌团欒节拟赴津一行，示及改派周姓一节，容面商办。

再者，“敏捷”请领压载废铁一事，蒙示有炮子坯廿余颗，甚感，亦请饬交“镇西”领下为荷。至水柜创开费工既多，第有徐图商办。琐事费神，下怀纫切。再颂台安。

丁汝昌顿首。七月廿八。

217.复张次韩[1]

（光绪十五年八月初六日　1889.8.31）

昨奉赐书，并蒙寄下十生脱半第六号炮所应用炮册一帙，查此项系前昌代“威远”函请尊处转向该炮厂找补之件，兹蒙饬取发下，甚感！已交该船遵领应用矣。此复。敬颂台安。

如兄丁汝昌顿首。八月初六。

218.致盛杏荪[2]

（光绪十五年八月初八日　1889.9.2）

前德国伏尔铿厂运到“经”“来”应用机器汽管五束，每束三枝，共十五枝，现存贵关，兹特着人走取，即祈饬该管人捡交，运防应用为幸。此恳。敬颂台安。

愚弟丁汝昌顿。八月初八。

---

〔1〕张席珍，字次韩，时任天津军械局总办。

〔2〕盛宣怀，字杏荪，时任东海关（烟台）道。

219.致沽坞

（光绪十五年八月十二日　1889.9.6）

敝军“镇南”需用各件开折请领前来，兹照誊一折送请查照，捡现时有存之件先行发下。

又，威海机厂请领焦炭二十吨，统希饬交“经远”此次来沽之便带回为幸。此颂台安。

丁汝昌顿首。八月十二。

220.致东局

（光绪十五年八月十二日　1889.9.6）

前“镇西”来津，蒙发交装袋火药三十出，业经照数收到，惟“敏捷”应需压载炮子坯二十余吨，该船未经带下。兹“经远”来津，祈费神饬交走领人带运，以便归威发交该船应用。此恳。敬颂台安。

丁汝昌顿首。八月十二。

221.发沽坞

（光绪十五年八月十三日　1889.9.7）

兹敝军“定远”船有应行修制等件，所需各项木料开折请领前来，特照钞一折，祈查照仅现有者发交该船先行应用为幸。此颂台安。

愚弟丁汝昌顿首。八月十三。

222.又沽坞

（光绪十五年八月十九日 1889.9.13）

昨据“操江”王管带禀称，该船舱面及机舱在在有应行修配之处，并开折请领料件前来。经核后，除另留底存案外，兹将原折送请查核，祈饬该管人照款发给，以便应用。此颂台安。

愚弟丁汝昌顿首。八月十九。

223.发东局

（光绪十五年八月十九日 1889.9.10）

承调周传谦一节，昨已面陈其详，蒙允改派，俾期合宜，且免偏废。兹有“经远”管轮朱金标者，操艺尚熟，容止较胜陆保。惟该弁在“经远”月支薪水五十两，倘蒙遴之，能照原支给领，免费筹画固好，倘实有未便，然照尊处原定之数，殊觉难敷用度。尚祈裁酌加惠，俾该弁无竭蹶之困，可期勉力供差，心无他虑也。所有该弁履历已属面报，至祈俯察为幸。此颂台安。

丁汝昌顿首。十九。

224.发“靖远”叶管带[1]

（光绪十五年八月廿四日　1889.9.18）

前据禀本船二管轮朱金标懒惰等情，当经调赴“定远”查看，旋据“定远”管带及总管轮复称，查验数月，人尚无甚毛病，惟操艺不足大船之用耳。兹海军衙门饬调管轮，已由东局禀派前去。该弁薪水算至八月底止，一律付清开缺。应考补何人，俟昌回威核办。此问近祺。

弟汝昌顿首。廿四。

225.致盛杏荪[2]一件

（光绪十五年八月卅日　1889.9.24）

前于五月末旬舟过之罘，濒行之际，贵署轿班前来喊冤，当即传询，据称名唤褚二，被水手以随带割绳刀扎伤，而所与斗殴水手并未扭带前来，水手姓名彼又茫然不知。时值阁下因公远行，弟亦即发棹东渡，何从会讯？而该轿班呶呶不休，弟当付养费十元遣去，并告以俟查明后即送贵处讯究。后即通饬严诘，查得为吴立祥者，在“定远”充当水手，籍隶天津，本拟此次来烟会同究治，而台从尚须迟日来烟，惟有将吴立祥押交贵处，阁下到烟可彻底研究，抉其纠葛，从严惩办，为日后效尤者戒。阁下有总办营务之责，矧我辈共事有年，素无畛域之分，伏望破除情面，俾无遁饰，

〔1〕即叶祖珪，字桐侯，时任北洋海军“靖远”舰管带。

〔2〕盛宣怀，字杏荪，时任东海关道。

以了此案为幸。此颂台安。

愚弟丁汝昌顿首。八月卅日。

226.致东局

（光绪十五年九月初二日　1889.9.26）

敬启者：日昨抵威后，先发电通告，谅邀赐鉴。朱金标刻令其遄速搭轮赴津趋诣贵局，敬听指挥，送供要差。伏望加以训导，俾得明澈规模，免有忽略。该弁薪水已发至八月底截止，开去原缺，另有遴弁禀补。尊处禀给该弁薪水，即于九月起支可也。昨电请贵局代制十五生药袋三百个，需用孔急。祈惠饬速造寄旅局存，以便就近走领。此颂台安。

丁汝昌顿首。九月初二。

前在津叩扰盛筵，附此鸣谢。又叩。

227.致樊时勋[1]

（光绪十五年九月初二日　1889.9.28）

信到后，望代做二号通语旗两付，水手帆布衣袋一百个，吊床二百个，旗纱、帆布均须结壮，赶紧开制，仅本月十五前后寄烟应用为幸。吊床、衣袋、绳环一切均要配齐，旗子绳亦要配妥，外，再带升旗绳一捆前来。此颂财安。

〔1〕樊时勋，买办。

弟丁汝昌顿首。九月初二。

228.致罗稷臣[1]

（光绪十五年九月初十日　1889.10.4）

前在津面议，责成较重各洋员会详酌请加薪一节，兹查“定远”二管轮阿璧成、“经远”四管轮区尔，因该二船现仅有此德管轮各一员，已是洋总管轮名目。现议阿璧成月加银二十两，区尔月加银十五两，合二员原领议加全数，以准原一外总管轮薪水，仍复较减不少。

又，“经远”枪炮教习哈卜们，专教全军克鹿卜炮操用各法，颇尽心力，月加银十两。均拟自西历十月份起支，敢祈查照会列敝衔一并详请可也。

号衣书，望从速手裁议定。吕文经事，候“龙威”到威防试验定夺后，再另函通知。此达。敬颂台安。

如小兄丁汝昌顿首。九月初十。

229.复张次韩[2]

（光绪十五年九月十五日　1889.10.9）

昨奉赐书，并机器局交由尊处寄到十五生炮用药袋三百个，如数收到。信发去后，某船应用若干呈交关领前来，一并备齐寄奉，或就近交旅局转

---

〔1〕罗丰禄，字稷臣，时任北洋海防营务处。

〔2〕张席珍，字次韩，时任天津军械局总办。

奉存案亦可。此颂台安。

如兄丁汝昌顿首。九月望。

230.致刘芗林[1]

（光绪十五年九月十七日 1889.10.11）

敝军旅顺煤厂经贵局历年收发各处煤斤数目，前曾咨请赐核有无不符，未蒙见复，惟该厂虽经移交，须俟尊处核复方可出禀，敢祈查照，从速见复为幸。

又，贵营千、把履历，即请饬催速为备齐外，某人某职、现充某差、应补某缺，祈费神逐名汇开一折随履历交下，以凭照办，免有参差。十九日先专船过旅，两件办葳，请交此船带来为盼。

又，昨由天津军械所寄到十五生炮用药袋三百个，发去后，各船先后呈送关领前来。兹汇捡送请查照，咨告津局为幸。弟到湾后，拟克日先行打靶，较试鱼雷，候"龙威"廿过抵湾，即试定速率，并验轮械。一经竣事，即趋旅防，就商阁下办理验收各节，先此奉告。即颂台安。

乡小弟丁汝昌顿首。九月十七在湾。

外，关领五纸，计"定""镇"各八十五个，"经""来"各三十五个，"济"六十个，共药袋三百个。

---

〔1〕刘含芳，字芗林，时任北洋前敌营务处。

231.复刘芗林〔1〕

（光绪十五年九月十九日　1889.10.13）

醒臣来，奉手告，祗聆一是。画图各节，当遵示照料。日来打靶并试鱼雷，候“龙威”到，无论去津与否，必过旅与君会商一切，计时约在十日之内。兹各船领装十五生炮药，特派弁带勇前去，祈饬该管人照料称装，各装若干，俟该船呈报，再令补具领状送请存案。

再，各船倘有领零星军火者，呈有关领前去，祈查照饬发为幸。此颂台安。

乡弟丁汝昌顿首。九月十九在湾。

232.致金州都统连捷庵〔2〕

（光绪十五年九月十九日　1889.10.13）

日昨获聆伟论，快慰良深。今午归船，准刘芗林观察咨称，贵治平岛南、黑岛北，有贼船堵劫商船各等因。查海图未曾载二岛之名，未审平岛即系所谓小平岛者，伏祈详示该岛系何厅何州县所属，坐落何处，倘有熟习该处之人，请饬派来船尤为妥协，当可派艘前往一巡，藉可详探情形以及贼去踪迹。即祈查照赐复，以便遵办。此颂勋安。

愚弟丁汝昌顿首。九月十九在湾。

---

〔1〕刘含芳，字芗林，时任北洋前敌营务处。

〔2〕连顺，字捷庵，时任金州副都统。

233.致刘芗林[1]

（光绪十五年九月廿八日　1889.10.22）

兹查各船有几项炮弹未经各局储备者，特逐开清折，希查照或制或购，宜早筹置。缘此次打靶已是各船通融挪用，来春应操必须先行请领，诚事之不可缓者也。今岁各船仍须领取尊处有储各药弹，已饬具领状前去，祈查照饬发。

又，请领各项药袋，东局当有制存者，另开清折，祈咨照寄旅，以便到时专船来领，备带南行，前派去装药人等当已竣事，乞饬随船来湾为幸。各船打靶等事已毕，仅“镇远”鱼雷尚未试完，然亦旦晚事耳。

“龙威”廿三由沪开，不久当可到湾，速率试详，即趋旅就商一切，先布。敬颂台安。

小弟汝昌顿首。九月廿八在湾。

外清折两扣。

234.致支应局李勉林[2]、刘献夫[3]、胡云楣[4]

（光绪十五年十月十四日　1889.11.6）

“康济”在闽修理一案，昨奉帅行知，内开贵局核议公费俸饷以八十四

〔1〕刘含芳，字芗林，时任北洋前敌营务处。

〔2〕李兴锐，字勉林，时任海防支应局委员。

〔3〕刘汝翼，字献夫，时任天津军械局委员。

〔4〕胡燏棻，字芸楣，时任海防支应局委员。

日照奏。大修章程，公费月支六十两俸饷，按五成支给各等因。似此办理，准例而言，已觉从宽。惟奉行知照行该船后，经该管带前来面称：官弁俸薪较多，若照八十四日之议扣支，尚易弥缝，水手人等食用如常，而操作之外逐日帮同作工，辛苦既增，若口粮再照扣支，已用者半归亏累，微特办多掣肘，亦且难洽舆情。查该管带所称，确系实情，昌亦觉无词可解，若置不问，酌情似缺；若再详请，仍发核议，往返周章，徒乞灵于笔墨，亦殊无味。且“康济”因作鱼雷练船，方有改修之举，较别船修理似觉稍有区别，用将细状缕陈，拟请除官弁宗照尊议办理外，其水手人等口粮，仍恳设法详请照原额支给，通归截旷划销，用示体恤，实为公便。昌非敢以聒聒为能事，势逼处此，不得不有烦渎尊聪。想诸君素重袍泽之情，自有以察及愚衷而乐为之请命也。可否之处，尚祈速为赐示。倘应另备公牍，候示再办。此颂台安。

愚弟、如弟兄丁汝昌顿首。十月十四发，在威。

235.致张次韩[1]

（光绪十五年十月十四日　1889.11.6）

再启：客秋“经远”“来远”有装去二十一生炮药，计两船共二十桶。药经试竣，其空桶该船尚须领回，备随时装药之用。兹由该船派人走领，祈饬查捡发交其带回为幸。此颂台安。

小兄汝昌顿首。十月十四。同。

〔1〕张席珍，字次韩，时任天津军械局总办。

236.致东局沈〔1〕

（光绪十五年十月十四日 1889.11.6）

启者：前在津曾蒙面允，再拨废铁三十吨归“敏捷”压载之用，又水雷八具归“康济”学生操练之用，兹“经远”去津领饷，饬其乘便趋领，祈饬查照发给为幸。此恳。敬颂台安。

丁汝昌顿首。十月十四。同。

再，前由芗林兄处转请代制药袋，亦交“经远”带来。

外，附呈“威远”送克鹿卜十生半炮用铜螺丝拉火样一个，祈查收。

237.致罗稷臣〔2〕

（光绪十五年十月十四日 1889.11.6）

前者在津曾面恳代劳算付曩者旅顺病故之雷匠汉马、以及“致远”病故之管轮恩雪两洋弁归费、恤银一节。迩者该弁家属屡来函询，敢请查照合同核夺，发交汇丰银行兑交夏立士转寄该弁家属，以结此事。恩雪倘无合同，即查照汉马合同酌办为幸。此颂台安。

再者，德鱼雷教习福来舍及英炮首古巴，均请假六个月，从西历十一月十六日起给与折半薪水，祈查照办理。

再，敝军号衣书由尊处核议进呈后，其底本望寄一分交下，以便此次

〔1〕沈保靖，字仲维，号品莲，天津机器局总办。

〔2〕罗丰禄，字稷臣，时任北洋海防营务处。

暂照制穿。日后倘小更易，略改亦未甚费事也。再颂台安。

如小兄丁汝昌。十月十四。同上。

238.致沽坞

（光绪十五年十月十四日　1889.11.6）

兹“经远”去津领饷，应由贵坞领用各件，饬其乘便请领。昨据该船开折前来，内开火砖三百块，又钢刮刀五十把，并附图样前去，祈饬查照发给应用为幸。此颂台安。

愚弟丁汝昌顿首。十月十四。同上。

239.致刘芗林[1]

（光绪十五年十月十四日　1889.11.6）

昨者，在烟奉两书，未及裁复，既旋威防，“利运”又带到惠言，均各读悉。“康济”官舱改装房间一节，因现管驾住处业形逼仄，若连学生并住后舱，则管驾办公、食饭，会客又更置何处？查中国及西国学生派入师船，睡吊床者颇不乏有，而管驾与学生杂居一处，却又向无此说也。矧如此巨工，威厂亦未易旋斡，第有缓筹之可耳。琅兼统意亦相同，用陈裁察。旅顺公所应用家具铺陈等件，先购后禀，恐日后未易核销，容到沪后通行估价后，再斟酌办理。承属至新嘉坡各节，自当奉为矩蠖，甚感。

---

〔1〕刘含芳，字芗林，时任北洋前敌营务处。

属购楠木材料等件，倘到台湾时日不迫，易于购取，必当遵办。令侄南旋，届时应乘何船为便，容面告知。至台旆南指，俟船行订有准期，必电告也。此颂台安。惟照不尽。

乡小弟丁妆昌顿首。十月十四。同上。

240.致海光寺制造局

（光绪十五年十月廿五日　1889.11.17）

敬启者：敝军“超”“扬”两船修添电灯一节，秋间在津曾与琅威理面陈帅听，示及贵局可以制造，无须往外洋购买等因。兹逐开清折，并将外洋约估价值一律注录，倘荷查照允制，便中可饬霍良顺前来该二船一看，有应行量绘图式各节，就近即可办理，并请由贵局核估价值若干，见示后，再行开办是幸。手此，敬颂台安。

愚弟丁汝昌顿首。十月廿五。

外，清折一扣。

【光绪十六年】

241.光绪十六年四月致沽坞顾、高〔1〕

（光绪十六年四月十九日　1890.6.6）

昨据“扬威”管带面称，该船有应行修理各项需用木料，开折请领前来。计领一寸厚、一尺阔柚木一百五十尺，四寸厚、一尺阔柚木十尺，一寸厚、一尺阔松木二百尺，望查照发交。此次“经远”来沽之便，带威应用为幸，此颂台安。

愚弟丁汝昌顿首。四月十九。

242.致朱伯华〔2〕

（光绪十六年五月初二日　1890.6.18）

去冬南去巡洋时，曾由贵局发给敝军中军汇丰洋银票据一纸，以便沿途持此取款。兹者来津领饷，理宜随缴，惟临行匆遽未曾捡带，第有俟回防后，即饬捡寄前来。特布奉告。敬颂台安。

如小兄丁汝昌顿首。五月初二。

〔1〕顾元爵，字廷一；高骖麟，字仲瀛，为先后两任大沽船坞总办。

〔2〕朱福荣，字伯华，时任海防支应局委员。

243.致李勉林[1]、朱伯华[2]

（光绪十六年五月初五日　1890.6.21）

恳者：查敝军各员由部颁发印信、关防一节，历奉帅允，均由贵局派员随时代领转给。兹先后领到者计有六颗，其已奉文业由贵局领尚未发给者，先后计有七颗，应请惠饬妥便送下，俾得明日先行携带回防。

又，已奉公文尚未经贵局走领者计有四颗，未知刻下已领来否？希见复为幸。兹分别开具清单一并附去，祈查照为荷。手此，即颂同绥。

愚弟、如兄丁汝昌顿首。端节。

计清单一纸，计开，

提督银印一颗

中军左营副将

中军右营副将

左翼右营参将

右翼右营参将

精[3]练前营游击

以上六颗均先后收到。

中军参将

左翼左营副将

精练左营游击

精练后营都司

---

〔1〕李兴锐，字勉林，时任海防支应局委员。

〔2〕朱福荣，字伯华，时任海防支应局委员。

〔3〕此字原文为“练”，据文意径改为“精”。

后军前营都司

后军右营都司

鱼雷左一营都司

以上七颗均已由贵局领来，尚未发给。

左翼总兵

右翼总兵

中军中营副将

右翼左营副将

以上四颗均奉公文，贵局是否领到？

244.致刘芗林观察[1]

（光绪十六年六月初一日 1890.7.17）

昨者，郁山兄来函，述及陈兆翱须会衔禀请咨调，应如何禀办之处，似宜由兄与鲁卿兄主稿会弟一衔可也，设有应商情节，俟晤面再办亦可。卞制军[2]调鱼雷学生一节，当在闽时并未见商于弟，今帅有电谕，应拨若干，即望主裁办理。属拨驾驶学生二名，兹选得林葆怿、曾瑞祺往供差委，该生在敝军每名月支薪水十八两，祈查照从六月初一起由贵局开支。天津二班驾驶学生冯琦等十六名，经派赴枪炮学堂学习后，应继学雷艺，已拨住“康济”，属其随同教习刻励讲求，附告并希查照。

初五拟径赴湾打靶、操雷，届时仍祈属罗哲士、福来舍乘“康济”到

〔1〕刘含芳，字芗林，时任北洋前敌营务处。

〔2〕卞制军即卞宝第，时任闽浙总督、兼管船政大臣。

湾，帮同操练为盼。操事不可再缓，若操竣得暇，当可过旅一晤。奉此，祗达。敬颂台安。惟照不宣。

乡小弟丁汝昌顿首。六月初一。

外，郁山处来一函，祈察。

245.致周郁山[1]廉访

（光绪十六年六月初二日　1890.7.18）

久别而后，不图此行得以相从，启戟缱绻半月之久，对海天之浩淼，聆绪论之纵横，补救情殷，启发兼至，曷胜纫佩！惟隘居菲食，方愧有辱嘉客，乃书来称谢，更益汗颜。“平远”边炮既已定购，第有俟安配后于风浪中行试一次，倘前后过不相称，再图改易头炮。若能俟所雇英教习到后酌办，是最妥一着也。江夏一节，过旅当遵属剀劝，力所得而挽回者，靡不委蛇至画耳。各船公费、药费已照尊议办法行知矣。陈兆翱事，亦容不日赴大连湾打靶道经旅顺时，再商同香、鲁二公呈请咨调可也。伊尔文昨已到威，一切当妥为招呼，但医院应行等事，弟日居海上，且不时涉历各口，势难兼顾，归星斋兄就近一例筹办，较为周至。顷伊医已到院，遍阅一过，归至星斋处，与谈许久，据称大规模甚妥，惟验室嫌多，现拟仅留两间，余六间改作别用，此外尚有细微数节稍须参酌，非甚关紧要者耳。勾丽巡洋一节，俟由湾打靶归来，再请帅示定期举行。

由津起节后，想早平安抵署。月余积件，在兄举重若轻，固不觉其繁紊。然旬日之内，亦周公所期无逸时耳。手此，祗达。敬颂台安。

---

〔1〕周馥，字玉山，时为直隶按察使。

乡小弟丁汝昌顿首。六月二日。

246.致罗稷臣[1]、潘子静[2]

（光绪十六年六月初三日　1890.7.19）

顷据"威远"洋教习倪尔森禀称，现因体气不和，请假三个月登岸调理，并请预支西历本年八、九、十、十一四个月薪水，俾资料理等情，查该教习教练学生，竭虑殚精，年来颇称得力，薪水较之鲍察辈未见为优，屡请加增，均未允办。兹者之请，若不从权体谅，殊未足维系其心。复念老班学生现划拨学雷艺，新班学生秋令方可到船，乘间少休，于公未误，薪水不过先数月挪用，似当可行，人既得用，宜少从宽，此外洋员均不得援以为例。

又，"济远"总管轮华甫曼请假六个月回德，于华历本月初三日准假去烟候轮回国，应给该洋员六个月折半薪水并回国川资，祈查照合同办理。倪、华两西员之请，昌已面允准给。书到，希即费神将其两项之银核明，兑由汇丰银行交付可也。此达。即颂同勋。

如小弟丁汝昌。六月初三。

---

〔1〕罗丰禄，字稷臣，时任北洋海防营务处。

〔2〕潘志俊，字子静，时为北洋海防营务处委员。

247.致吴徵三〔1〕

（光绪十六年六月初四日　1890.7.20）

前者，贵军拨派弁勇十二名归敝军练勇学堂学习炮艺一节，顷据洋教习鲍察声称，内仅三名可期进益，余者九名资质太钝，徒劳无补，拟请自行至贵军各船挑选九名更换，冀图早收成效，是否可行，祈麾下面示该教习遵办可也。此颂勋祉。

汝昌顿首。六月初四。

248.致刘芗林〔2〕

（光绪十六年六月十二日　1890.7.28）

“操江”来，奉朔日惠书，内云前月廿六发电饬罗哲士来旅，至今未奉回音等因。查此电廿九接到，当即电复，何至公初一发信之时尚未达到耶？或电局延搁，抑师丹善忘耶？殊令鄙人徒呼负负。各船不熟鱼雷之鱼雷大副，曾与罗哲士议过此节，据云通查有不甚谙练者，派到“康济”学习亦易收效，自无须更送入堂矣。俟由湾操竣后，即可办理。远荷拳念，心感以之。前属派驾驶两学生备充雷艇大副，曾拨林葆怿、曾瑞祺，于月之朔当修书交“康济”带旅，后曾生抱病请缓，一俟稍痊，即仍饬到旅供驱策也。刻驾驶学生四处分拨，靡有孑遗，委再拨二名，第有俟新班学生

---

〔1〕吴安康，字徵三，时为南洋水师统领。

〔2〕刘含芳，字芗林，时任北洋前敌营务处。

到船再办。此颂暑安。

乡小弟丁汝昌顿首。六月十二。

再，陈兆翱事，容面商办。如台从廿内到湾固好，不然廿外操竣乘“经”“来”起锚之便，到旅就商亦可。又及。

249.致李筱帅〔1〕

（光绪十六年七月初八日　1890.8.23）

再肃者：粤省据要添筑炮台，前蒙见谕，拟由北洋调员驻守一节：侄五月间在津曾陈相听，示及届时需员，当可遵派前往。“广乙”“广丙”工程，似不宜督催太迫，恐其塞责，日后增修，转滋繁索。如北洋之“平远”，可为先鉴。不如稍宽时日，雷炮到齐一律安配完善，弁勇拨定即可随队出操。不然，收船一时，配械又一时，两起动作不免琐屑迁延，旷时靡费。管见所及，希裁察行之为幸。

“广甲”随操数月，一切均有大致。增以教习、水勇，帮同驯练，一经谙熟，庶资分布于将来。惟事多创办，幸余参将尚能加意讲求，认真督率，历时未久，具此规模，亦殊难得。兹先令南去，过沪运炮到粤，藉以清理积事。该船尚有零星修配，应请饬赴闽厂，乘回整妥。侄十月过闽，即可归队操巡。再，余参将前因罣误被议，今恭逢恩诣，当可循例开复，伏冀鸿施格外，准予奏复原阶，启其自新之路，彼更力图奋勉，竭其报效之忱，知亦宽以驭下者所乐许也。另具呈文，尚乞赐察。林国祥帮同练伍，尚属碍劳，倘邀加恩擢用，固足以示鼓励，设一时无委任之处，第俟

〔1〕李瀚章，字筱荃，时为两广总督。

“乙”“丙”告成，再图安置可耳。至“广甲”在北洋所领薪饷煤斤等项，乞饬下善后局，查照该船案报款目与北洋支应局早日划结，一律核销是幸。载颂福绥。

侄汝昌附状。七月初八。

250.致罗稷臣〔1〕

（光绪十六年七月十一日　1890.8.26）

琅威理二次来华，查系由出使大臣知照，外部委派前来。今彼告退，未知尊处已否请帅咨驻英大臣致谢外部。设仍未办，即乞查照前案缘由，或面陈，或禀请，作速酌夺，上达帅听，以期事有结束，以符原案也。至须函禀，应行会列敝衔之处，亦祈主办是幸。手此，敬恳。祗请台安。

如小兄丁汝昌顿首。七月十一。

251.致刘康侯〔2〕

（光绪十六年七月十七日　1890.9.1）

昨奉相帅转到尊电，本月底船坞可暇，“致远”船可来沪等因。当饬该船克日摒挡南去，藉重贵坞，以资整顿。所有船底应行修理之处，概由该管带自行觅工购料，妥为办理。至达坞需用支船木料以及刮油锤冶或缺之

〔1〕罗丰禄，字稷臣，时任北洋海防营务处。

〔2〕刘麒祥，字康侯，时任江南机器制造局总办。

器，并乞惠准假用，用毕照缴。倘有大意损失，应令该船照样购赔。昌已饬邓管带留心督作，尚望推情照拂，欣可早日蕆事北旋，实纫公谊。费神之处，容冬令到沪再图面谢。手此祇达。敬颂台安。

丁汝昌顿首。七月十七。

252.致罗稷臣[1]

（光绪十六年七月廿日　1890.9.4）

十一曾布恳禀帅咨薛星使致谢外部一函，当邀青及，是否已办？哽顷奉帅电云：英外部有撤回罗哲士等各情。意必听信琅威理一面之词，致有是议。盖琅威理辞退情由，外部迄今不知底细。此次拟请帅于致谢文内将琅告退原折一并录叙其中，外部得了然原委，当无异词。罗哲士办事勤慎，似可不必与琅同去留，藉以示中国用人未始优劣无别耳。刻即开船东行，匆匆不及详述。帅处已电禀，如何示下，希费神酌斟妥善之术行之。此颂台安。

如小兄丁汝昌顿首。七月二十。

253.致袁慰廷[2]

（光绪十六年八月廿五日　1890.10.8）

仁川濒行，得长言书。迫促之顷，当稽裁复，殊惭不敏。东来晌越两

〔1〕罗丰禄，字稷臣，时任北洋海防营务处。

〔2〕袁世凯，字慰廷，时为中国驻朝通商事务总办。

旬。惟台候胜常，至以为颂。

敝军涉历莫湖崴之来远船，月之七日旋抵釜山。据称上月廿五、六等日，曾至西水罗、温贵等处，就居民而探询各情。所称俄之防兵于分界处驻有马步兵三千左右；入内曰长岭子，有守卡兵二十名；再进曰珲春河，有马步兵八千左右；温贵一区未闻有俄人开垦、通商等事，仅有华人在此负贩者三四人耳。其访闻大略如此。兄由仁川展轮曾过古今岛小泊，然后来釜，煤船幸得应期而至。惟因大风耽延数日，未能起卸，不得不姑作徘徊。从知到处去留，诚有定数存乎其间，非人力所可转移也。“镇远”一队昨已先令回防，“定远”等船于明后日亦可启行。惟此番东来，在望云山，皆得重寻陈迹。而多情旧雨，未容一握言怀，不少于悒。此颂台安。

如小兄丁汝昌顿首。八月廿五日。

巨文岛拟归途行过一阅。又及。

254.致刘康侯[1]

（光绪十六年九月初二日　1890.10.15）

昨由东海旋役，接奉赐复，“致远”各节深荷关垂，感何可量！藉谂局务发皇，著猷卓越为颂。

恳者：此次“靖远”东赴海参崴一带操巡，归途暴风急雨，彻夜不休，迷朦中致被奔流涌全山侧，幸得斜掠而过，将头锋擦歪，并船右铁板同有挂伤之处，当电请傅相，仍假贵坞一修，计邀转达。兹令该船前往，一切工料仍照“致远”由该管带自行承办赔修，至应用家伙有缺手之虞，更祈

〔1〕刘麒祥，字康侯，时任江南机器制造局总办。

惠予假用，设有损坏应令赔补。遇事统希推情照拂，是为至祷。此颂台安。

丁汝昌顿状。九月初二。

255.复刘芗林[1]、龚鲁卿[2]

（光绪十六年十月初七日　1890.11.18）

前道出旅顺，叨扰盛筵，尚未遑修缄陈谢。顷“镇海”来，奉手示，祗悉一是，承属派司理船洋员，查敝军“镇远”巴兰柏现请假回国，计年尾方可归船；贾礼达既谆欲期满回国，而理船亦不可一日无人照料。因查敝军有前经傅相派来随军差遣之吕文经，人颇勤慎碍劳，于行船一切章程亦称谙熟，兹特令其前往，伏望赐察，可暂委其代理。幸贾礼达期满尚有月余工夫，该员先可随同学习，况冬令出入口岸船亦无多，贾去令其接替当无不可。倘该员察可胜任，来年再为酌加薪水，俾专责成，即无庸更易洋人。设有未尽周到之处，容巴兰柏销假，再派往更替可也。此复。即颂台安。

乡小弟丁汝昌顿首。十月初七。

〔1〕刘含芳，字芗林，时任北洋前敌营务处。

〔2〕龚照玙，字鲁卿，时任旅顺船坞工程总办。

256.复顾廷一[1]

（光绪十六年十月十二日　1890.11.23）

“中”“边”来威，奉手示，读悉。藉谂台候胜常，式如所颂。前存船錶九架，蒙交蓝管带携带来防，当已照收，并饬妥置，随时较验，以备日后之需。在坞四船，据黄裳治、蓝建枢等先后声称，“东”“北”虽在坞日久，而历请油修整理之处，若不及时兴作，诚恐届用之候，猝不及办。“西”“南”行海日久，其应行修理等项，尤宜赶速动手，各臻完备方妥。伏望查照，详加勘验，饬工合作。总期船身得资保重，舱面机舱须修须配要宗，乘暇整理齐全，无论何时调用，不事弥缝即堪应手。斯为至幸！手此，祗恳。敬颂台安。

愚弟丁汝昌顿首。十月十二。

257.复张次韩[2]

（光绪十六年十月十二日　1890.11.23）

谭生鼎和来，奉手告，祗悉一是。承询“平远”新购之炮应由何厂制座一节，查敝军机厂前议制各船新购等炮之炮座项内，“平远”仅有一磅子炮座二具，业已汇请批准购料兴造，兹将原请自制各炮架抄送查照；惟“平远”新购等炮，种类尚繁，除一磅炮座二具一项由敝机厂自制外，其余

〔1〕顾元爵，字廷一，时任大沽船坞总办。

〔2〕张席珍，字次韩，时任天津军械局总办。

炮位应行配座者，宜归何厂制造为便之处，即祈酌夺主办为幸。谭生应画各船等炮图式，已知照各管带照料分别绘竣，兹仍由该生一律携归。前蒙惠派“快马”渡饷，诸荷费神，心感无量。祗复。敬颂台安。

如小兄丁汝昌顿首。十月十二。

外，已禀制炮座单一纸。

258.致德璀琳[1]

（光绪十六年十月十九日　1890.11.30）

迳复者：威海灯塔由新关派人管理一节，前电复约在西历正月初一日当可前来接管。继复来书，一并承悉。吕文经前因旅顺理船需人，当饬前去。敞军灯塔复由“康济”遴管油一名，加派练勇二名，暂行照管。一俟新关派人到后，即由此人查看，原管人等是否能资照料，再定去留。此复。即颂台祺。

名另具。十月十九。

259.致刘芗林[2]

（光绪十六年十月廿日　1890.12.1）

顷据罗哲士来船声称，英领事转到该国钦差来电，外部饬其回国等情。

---

〔1〕Detring，汉名德璀琳，英国人，时任津海关税务司。

〔2〕刘含芳，字芗林，时任北洋前敌营务处。

突然作事举动，其为琅威理作祟可知矣。似此情形，自有未便强留之势。当即面询罗哲士，是否仍愿来华？彼称可暂请假六月归去作速弥缝，当即旋转。弟见其情词肫恳，当告以操务吃紧，久旷非宜，既情愿仍归供职，即准假四月，克日回国。查敝军西员请假回国通例，假期内给予折半薪水，来往川资悉由自备。今罗哲士去，弟已允照此例，幸所费不过七百金之谱。即或被阻挠而不归，有此余润，使事后追维，亦足示中国怀柔之意。祈俯酌行之。余有未尽事宜，仍祈查照合同所载办理为幸。所有不及缕述琐节，俱属萨管带面陈，希赐详询。

又，敝军试炮家俱，前经尊处携去照绘图式，想早毕用。兹因戴孝兄处急需此件试验新炮，用遣哈卜们前去走领，更望饬人会同查点照交。

又，敝军须领零星军火以备操练，但所应需者未审贵库是否有储，用饬该船各派炮首一名前往检视，希饬司库人为之先导。倘所需之项适有存储，可从权先令该炮首等便领前来，后赶照补领状，固多简便。否则，随后持领走取亦可。如何办理为宜之处，乞明示萨管带转饬遵照。

郝芗事已出详，候批到即照咨告。方凤鸣既不南行，前次公文一并奉缴查收。

弟南行伊迩，须候“康济”归来始能起程，该船到旅事竣，希令速旋为盼。此颂台安。

小弟丁汝昌顿首。十月二十。

260. 复吕庭芷[1]

（光绪十六年十月廿七日　1890.12.8）

顷刘善选来威，奉复翰，敬承一是。刘生已饬其到堂接办教习之事，王学廉即令起程赴津，敬供驱策。王生薪水应于十月三十由敝军截止，刘生薪水于十一月初一由敝军起支。至刘生在贵处挪备寒衣之款三十金，当饬由该生一经领到应支薪水，自行缴还，较为简便。伏望查照是幸。蔡灏元现由该管带据情呈请病假，已批发照准。薪俸按定例办理，现已到烟医养，但未知是否去律。花农原书奉缴，希将各情转致为幸。此颂台安。

愚弟丁汝昌顿首。十月廿七。

261. 致盛杏荪[2]一件

（光绪十六年十一月廿日　1890.12.31）

别后瞬又月余，渴想之私，与时俱积，惟近履冲和为颂。兹由沪运威敝军机厂应用各料件，该物到烟，祈饬关查照另单，照例放验免税是幸。弟明日由沪去闽小泊，仍须赴粤料理两铁甲进坞等事。知念附陈。此恳。即颂台安。

愚弟丁汝昌顿首。十一月廿。

外，单祈察。

---

〔1〕吕耀斗，字庭芷，时为天津水师学堂总办。

〔2〕盛宣怀，字杏荪，时任东海关道。

262.致吴徵三[1]

（光绪十六年十一月廿日　1890.12.31）

查敝军团龙五色旗，当奏定章程时曾知照各国为海军提督专用旗帜，昭昭在人耳目，未便别有通融。至南洋纵不俟奏设海军提督，拟相效用未始不可，然必须南洋大臣咨明总理衙门，通行各国再行张挂，方足以昭慎重。不然，漫无知觉，体制纷更，既紊外观，必滋疑议。设有遇而问之者，必且无辞以解。若谓今是昨非，徒以人言旋复变幻，尊威所系，尤觉难堪。麾下久领水师，仪度一节，尤所深究，或有察不及此者，犹赖加意为之发明，不致贻外人诮。海军之幸，亦同袍之幸也。明日赴闽，图晤当在来春。走笔达悃，未尽区区。统希亮察，尤为至望。此颂勋祉。

如弟丁汝昌顿首。十一月廿日。

【光绪十七年】

263.致刘芗林[2]、龚鲁卿[3]

（光绪十七年二月十六日　1891.3.25）

久未聆教，渴想之积，高于陵阜，近维动履冲和，至以为颂。

昌于十二日抵威，积件既须清理，而应行预筹各事，率多不容姑置者，

---

〔1〕吴安康，字徵三，时为南洋水师统领。

〔2〕刘含芳，字芗林，时任北洋前敌营务处。

〔3〕龚照玙，字鲁卿，时任旅顺船坞工程总办。

须克日料量停妥，乃可赴津，故亦不得即时过旅，晤话一切，良用歉然。兹先遣“超”“扬”两船前往进坞，除照例油底外，设有零星修理之件，已饬该两管带检必不可缓者，开折呈请察验分别饬办，工竣后可汇入此案，一例开报。该两船倘不能一齐进坞，其候修一船，应祈先饬勘验，乘空并可修理零星，似此可期早数日蒇事也。由沪带来竹竿、旗纱，兹乘此便带去，希查收为幸。此颂同安。

乡小弟、如小兄丁汝昌顿首。二月十六日。

264.致刘芗林[1]

（光绪十七年二月十七日　1891.3.25）

前敝军“定”“镇”两船所领未能合用之三十零半生之炮弹，曾送恳贵局代为刮修，刻当已蒙饬匠整就。兹着哈卜们携带较量器具前往相度，有已堪合用者，希饬交“超”“扬”带威，以便相帅大阅打靶应用，是为至叩，此恳。敬颂台安。

乡小弟丁汝昌顿首。二月十七。

〔1〕刘含芳，字芗林，时任北洋前敌营务处。

265.致沈品莲[1]、张蓉轩

（光绪十七年二月廿二日 1891.3.31）

昨滨暮抵津，事绪纷沓，容日再图聆教。

恳者：敝军“镇中”炮船阿摩士庄三十五吨英尺十一寸口径二十四倍身长前膛炮，现需轻装麻布药袋七出计十四个，又轻装木药桶七副计十四枝。旅顺此件无存，而操练又需之孔急，应请先由贵局照发应用，随后再饬补具关领，送交旅局转咨备案。此恳。即颂台安。

愚小弟丁汝昌顿首。二月廿二日在津。

266.致赫总税司[2]

（光绪十七年二月廿三日 1891.4.1）

敬启者；奉天旅顺口向为北洋军艘常川之所，兹经贵关于口门右首设立灯塔，行驶良多俾益，惟查口西之老铁山为赴该口轮船必经之路，一带奔溜甚急，值夜暗昏雾时每恐误事，似宜添设灯塔一座，使人昭昭，较为慎重。不惟兵轮称便，且日后商轮不乏往还，亦可恃以无虞。拟仍归贵关一律建置，派人看管。如承允可，希速见复，以便呈请中堂咨照贵总税司核夺饬办。勒此奉商，即颂台安。

名另具。二月廿三日在津。

---

〔1〕沈保靖，字仲维，号品莲，天津机器制造局总办。

〔2〕Robert·Hart，赫德，时任中国海关总税务司。

267.致刘芗林[1]、龚鲁卿[2]

（光绪十七年三月十二日　1891.4.20）

前得台电，索取“定远”船图，已捡取三张交平津船由东海关带呈，计当达到。兹复据左翼林镇呈进该船船图一张，比前图尺寸较准，层次亦觉分明，请进备阅。特函交“平远”李管带便呈，敬资采用。此达。即颂台安。

小弟/兄丁汝昌顿首。三月十二日在威。

268.致刘芗林[3]

（光绪十七年三月廿三日　1891.5.1）

“平远”旋防，奉手告，敬悉一是。不日拟带领各船到大连湾打靶，计在廿八、九可抵该处。并拟于廿五、六令“康济”去旅，望将贵处鱼雷靶惠假一用，即饬交该船先载到湾，预为安妥，会全军一到，即可演放。贵营雷艇可否能连樯过湾，藉资会操之处，伏望酌裁。弟下月初四、五可由湾到旅，正好与台从结侣赴津。至属帅大阅时，祝三宫保、鲁弟暨公拟坐“康济”一节，届时当无不可通融也。顾言之怀，统容面罄。此复。即颂台安。

再启者：前承函告，天津军械总局索取十生特半子母弹用膛内药袋并引信等样，兹照来单分别捡取寄呈，外开清单祈查照咨进。

---

〔1〕刘含芳，字芗林，时任北洋前敌营务处。

〔2〕龚照玙，字鲁卿，时任旅顺船坞工程委员。

〔3〕刘含芳，字芗林，时任北洋前敌营务处。

又，敝军各船先后开折请领军火等项，以备相帅大阅打靶之需。兹汇录一折，即希惠饬捡查，分别逐备。此行赴湾打靶，子药等件设或略有不足，即由湾派船先领缺用者数宗，余者仅大阅前必专艘一律走领。望费神知照该管人早作料量，俾免有误，则盛情所逮，直与辽渤同周矣。附此，敬恳。即颂台安。惟照不宣。

弟昌附状。三月廿三日。

外，送样清单一纸，领军火折一扣，祈查。

再，请领军火折内，有数项恐机器局有未尽得其详者，均各附样前去，于项下注明。

269.致张楚宝[1]

（光绪十七年　1891）[2]

兹遣“平远”赴津，所有前为该船购备各炮，仅见[3]到（到）[4]者，并随炮一切零件，均恳饬查齐楚发给，以便乘此次到旅入坞之便，一律配妥。并望给予批单，期易点收。该管带亦得遵照所开名目，补具领状。

再，新领各炮应需子弹，外具请单，希照发为荷。此恳。敬颂台安。

如兄丁汝昌顿首。

外，单一纸。

---

〔1〕张士珩，字楚宝，时任天津军械局总办。

〔2〕原件未注日期，根据原稿顺序排序。

〔3〕此“见”字，应为“现”意。

〔4〕此“现”字疑为衍出。

270.致刘芗林[1]、龚鲁卿[2]

（光绪十七年五月十九日　1891.6.25）

明日带同“定”“镇”“致”“靖”“经”“来”六船前往东洋一带操巡，所有留防之“平远”“济远”，当令先后乘间前去进坞。兹先饬“平远”赴旅，除油底外，其此次由津新领各炮，并祈惠饬连座一律安配妥贴。一经工竣，即电调“济远”前往油底。此外，倘该两船有零星修换，由该管带择要开折送请查核饬办。东去各船，计七月望前当可回防。届时坞应有空，再饬其陆续前往油底。

至两蚊船，向在沽坞油修，今旅坞告成，自应归并一处，事方一律。惟廷一[3]处，却恃蚊船为大宗工程，舍此则局务益觉难支，今拟仍照旧办理，想两君亦乐以余波及晋国也。手此祗达。敬颂台安。

再启者：福来舍请假及续留盖房各节，已详请办理。稿另咨，到希察存。添造定雷浮埠一节，既荷会衔函禀，感戢之至，希即作速办理为幸。载颂同安。

汝昌再顿首。五月十九。

再，前“超”“扬”两船在贵库所领装好三十七毫里哈乞开士开花子各一千颗，子膛内均未装药，应请饬知该管库补给前来为幸。又及。

---

〔1〕刘含芳，字芗林，时任北洋前敌营务处。

〔2〕龚照玙，字鲁卿，时任旅顺船坞工程委员。

〔3〕廷一即顾元爵，字廷一，大沽船坞总办。

271. 再致张楚宝[1]

（光绪十七年五月十九日　1891.6.25）

前承属索取“平远”炮子样，当饬该管带照捡备呈，计克鹿卜二十六生特二口径八长铜箍钢弹及硬铁弹各一颗，兹该船来津领炮，藉便送呈，希查收转送，以凭照造。载颂台安。

小兄汝昌顿首。五月十九。

272. 又致刘芗林[2]

（光绪十七年五月十九日　1891.6.25）

前“致远”由贵局领到六寸径炮用铜管轧火二百支，当经该船试放两支，据称口径太小，且放时窜火。因恐误事，未便迁就应用，并将原领未放之一百九十枝、已放之空壳两枝，又附去英国原购之铜管轧火一枝，以并作样，合请缴送贵局，知照东局俯加考验，照样仿制等情。用将呈到各项，发交敝军郝守备便中解旅，到希查照酌办为幸。手此，祗恳。即颂台安。

乡小弟丁汝昌顿首。五月十九。

〔1〕张士珩，字楚宝，时任天津军械局总办。

〔2〕刘含芳，字芗林，时任北洋前敌营务处。

273.复刘芗林[1]

（光绪十七年七月初七日 1891.8.11）

昨由东瀛归，奉手告三叠，均敬读悉。十生半药袋一节，查“威远”历用打靶者率由哈卜们经手自制，概有纱底。前送样请制之时，该船将纱质之袋用罄，因照做洋布袋一个，纱底处确剪纸贴注送转仿制。比以该船巡洋开行，匆遽之顷，势不暇再令更易，因迁就发寄。今制袋率无纱底，而原样贴纸并失，根究无从，自亦无庸置议。据郝芗禀复，亦与所查情节相同。惟郝芗既专司本军兵械，凡经手事件中有舛误，咎有难辞。弟已传至督船面加申饬，并着实劝诫，姑念其到军未久，捡点之件亦甚繁多，初犯小愆，暂与宽恕，倘日后不加慎勉，定会尊衔禀请参撤。铜管轧火蒙咨照造，甚感。前缴手枪及子弹等有未分装者，故形杂乱，已分别示惩矣。

弟初四由东回防，足之所至，一切尚称平善。离威四十余日，留防之船尚无一者入坞。前言东归之船可以接踵修饰，竟成虚望矣。此复。即颂台安。

乡小弟丁汝昌顿首。巧节。

274.致刘芗林[2]、龚鲁卿[3]

（光绪十七年七月十五日 1891.8.19）

顷奉赐电，日船到旅各节，一一敬悉。此次“定远”等船去东，所历

〔1〕刘含芳，字芗林，时任北洋前敌营务处。

〔2〕刘含芳，字芗林，时任北洋前敌营务处。

〔3〕龚照玙，字鲁卿，时任旅顺船坞工程总办。

各口一切防局均礼遇有加，殷勤款接。今东艘由威北去，两公特治酒醴，宾主酬酢之仪，未稍偏废。虽有地提督[1]未及受飧，亦足彰我国北路防军气脉罔非融贯，使非洞熟时机，断不解此为曲全大局，深佩之至！“济远”继“平远”之后可以踵修，感甚。但未审该两船约某时可以一律完工回防，尚祈随时电示为幸。应奖医官咨会星斋兄酌办，径达献夫矣。此颂同安。

乡小弟/如小兄丁汝昌顿首。七月十五日。

275.附致芗林[2]

（光绪十七年七月十五日 1891.8.19）

芗老再鉴：

顷接天津水师学堂函称，奉相帅札闻，下制军函商酌派学生第四届出洋肄业，帅饬由北洋选派十员等因，兹由津堂于正班毕业学生中择优拟派会商前来，查单开诸生除在敝军各船等名已饬遵照外，其郑得春一名现在贵军雷艇供职，敢祈预为饬知。会定有出洋准期再续布。

弟汝昌附状。

---

〔1〕有地，即日本海军将领有地品之允。

〔2〕刘含芳，字芗林，时任北洋前敌营务处。

276.致张蓉轩

（光绪十七年九月廿四日　1891.10.26）

贵局所造粟色饼药，因在船未便试放，经芗林观察往复函商，由敝军派员前赴贵局就近会同详试。昨得芗兄来电，已将此情转达尊听。兹乘“康济”领饷去津之便，特派敝军“扬威”林管带，带同英、德管炮两洋员等一并前往。到后，请惠饬该管人员照检数出，公同妥慎试验后，能否合用，已饬由该管带等逐细具陈就，希查照可也。手此，即颂台安。

愚小弟丁汝昌顿首。九月廿四。

277.复罗稷臣[1]

（光绪十七年九月廿八日　1891.10.30）

顷奉翰示陈如升一节，学堂造就一生，殚精费帑，成材信非偶然。既归水师，厚其饷糈，培其诣力，苟可充竹头木屑之选，讵忍视同弁髦，一任无归？惟该生始则派赴“广甲”，辄因怠惰被斥。采以舆论公评，核其行径，固已一是为甚，无足加怜。既而绕匝无依，复多方乞引，意经颠覆，当有悛心。不谓继到“南琛”，复萌故态，在船甘居人后，登岸任意优游，请假逾期，指不胜屈，继则一去不返，管驾遣人往招，传云尚多讹索之词。似此自甘暴弃，遂习狡猾之辈，纵免强收留，终难效用。不如任其所高，免染人于不丝也。即颂台安。

---

〔1〕罗丰禄，字稷臣，时任北洋海防营务处。

如小兄丁汝昌顿首。九月廿八。

278.复徐际云[1]

（光绪十七年九月廿九日　1891.10.31）

前得手告，贵船帮带大副曾缺，驾驶需人，拟拨“致远”鱼雷大副林立金充补，当即行邓管带核议呈复。昨据该管带呈称，查有该船二副堪以升补是缺等情，既该船大副之缺有可胜任之员接替，林弁自可派赴前往，以资臂助。除咨复郭军门查照外，为此奉达。即颂勋安，附充谦板。

愚弟丁汝昌顿首。九月廿九。

279.致黄花农[2]

（光绪十七年十月初四日　1891.11.5）

敝军威海机厂现需焦炭孔急，望属“北平”船连日运煤赴烟时，便运三十吨前来应用，该价并请转知矿局，归敝军所用军煤项下一律报由支应局核销。查此项焦炭，向由大沽领用，既多周折，亦殊散漫，后拟即照此章，较划一也。此颂台安。

愚弟丁汝昌顿首。十月初四。

---

〔1〕徐传隆，时任南洋水师“开济”舰管带。

〔2〕黄建筦，字花农，有时也作“华农”，时任职轮船招商局。

280.致武津亭

（光绪十七年十月廿日　1891.11.21）

客冬在粤港，迭承见枉，云及晋引之事，势有难缓，需款一时颇费周转，属贷千金，俾得早日就道。行次本无存款，因见商再四，并云开春到沪，即行全数归还，当电上海义昌，在所存购物公款项下，拨付千金。迄将一载，尚未归付。惟事关公项，未便久悬。兹“广甲”去粤，友人有托付购物之款，已取以扣归前项。望台从将前者挪去千金即兑交余云龙，作为在粤购物之需，免又多费周折，务恳照办。至以为要！此颂升祺。

愚弟丁汝昌顿首。十月廿日。

281.致罗稷臣[1]

（光绪十七年十月廿日　1891.11.21）

昨奉手告，意在乘此次“泰安”修理之际，改归水师测量之选，不烦借助他山，足补北军为山一篑之缺。仰见荩画咸详，纡筹至深且远。维念测量一船，常川海上，考核港道，事既繁艰，长日行船，所配人数尤须足资更替。揣所需经费即照“泰安”额饷定章，且虞不足，况“敏捷”则又较逊，恐迁就拟定，将来不免竭蹶之虑，似不如从长计议于未事之先也。查“泰安”一船人数九十八名，即照该船原额全数移配，犹虞不足，况“敏捷”仅六十员名之额，用以道远测量，恐有不免竭蹶之虑，今“敏捷”

〔1〕罗丰禄，字稷臣，时任北洋海防营务处。

拟待明春改修移设一议，正可稍宽时日，容与各管带参议大略，其未尽事宜，仍俟明春到津再与阁下面为审定详办也。[1]

再，另示徐兴仓一节，查到船学生遇有差委补缺等事，例以考列名次在前者充补。不自奋勉，求人关说，已属非分。何况倚他族为干运之媒，若遂所图，不独长人妄冀之心，亦且于定章有背。吾仲个中人，当亦未见许可也。伏望设法婉复前途，是为至幸！手此，祗复。即颂台安。

如兄丁汝昌顿首。十月廿。

282.复刘芗林[2]

（光绪十七年十月廿一日　1891.11.22）

前奉手笺，管带雷营及管理雷具，在在需人，属由敝处派往数生前去，俾资分任。当已择定五名听候调取，分别遴用。至询高山炮台应需某种子弹较为得力一节，比因哈卜们随“康济”去津试药，故未得即时奉复。兹该弁回防，当将尊示所开各节逐细详询，据称钢子力足，尚在四十五度以内可穿铁甲，究不如带后引之钢炸弹击船易伤。若专击船面，取其伤人，则素常炸弹却为合用等语。附白，用备考核。手此，即颂台安。

乡小弟丁汝昌顿首。十月廿一日

---

〔1〕原稿该段文字书写有颠倒、改画，整理时根据文意加以调整。

〔2〕刘含芳，字芗林，时任北洋前敌营务处。

283.复周郁山[1]

（光绪十七年十月廿三日　1891.11.24）

昨奉手毕，知前上贺言已登藻鉴。委办晋祝屏幛，并荷照收。合前交去木段并此次屏幛，蒙作银五百两，除销去醇邸奠费外，仍交下规平银三百八十两，昨已由领饷委员由津带归。查屏幛共需银二百四十四两，当遵示照留。其余一百三十六两，俟明春仍缴由张意堂观察处便中寄还。木段一节，已当面谈过，不必计价，况所值无多。弟践前言，望兄首肯。

师船南去操巡，须俟教案定局，再请帅示举行。一俟定期，应走某处，再奉布也。复请台安。

乡小弟丁汝昌顿首。十月二十三日。

外，单另登。

284.复刘芗林[2]、龚鲁卿[3]

（光绪十七年十一月初三日　1891.12.3）

“扬威”旋防，奉手毕，敬承一是，藉谂近履偕畅，至如所颂。陈牧带同学生、书识前来补绘船械，当令同住“定远”。应画图式，已属陈牧逐日督率该生等，轮往各船细心摹绘机器各图。轮画某船，即派某船管轮辅以参考，均已分饬遵照。特此，奉复。即颂同励。

---

〔1〕周馥，字玉山，时为直隶按察使。

〔2〕刘含芳，字芗林，时任北洋前敌营务处。

〔3〕龚照玙，字鲁卿，时任旅顺船坞工程总办。

乡小弟/如小兄丁汝昌顿首。十一月初三日。

285.致刘芗林[1]、龚鲁卿[2]

（光绪十七年十二月初六日 1892.1.5）

久未晤教，渴念良深，惟近履胜常，至以为颂。

兹“超”“扬”随“镇远”出海操练，便过旅顺。该两船各有备用轮轴一副，新由祥生厂取回。兹属送交贵坞代存，遇用再领。祈饬该管人妥收为幸。此颂台安。

乡弟/如兄丁汝昌顿首。十二月初六。

286.致无为州章干臣[3]

（光绪十七年十二月十二日 1892.1.11）

干臣老父台大人阁下：

于役海疆，罕游治宇，缺裁笺而通候，缘事倥偬，仰抚字循声，闻讴兴起，敬维升华丕炬，履缳延庥，有令闻之施身，遂留碑于人口，景行雅范，倾倒见私。

一昨得家书，知上月舍间遣人至州境圩乡往收应取租豆，归途道经马口关，该关视作贩商、勒令报税。始以未悉情由，出面阻询之，亦属事之

〔1〕刘含芳，字芗林，时任北洋前敌营务处。

〔2〕龚照玙，字鲁卿，时任旅顺船坞工程总办。

〔3〕章维藩，字干臣，时任无为州知州。

偶然。惟既经收租人陈明原委，依旧不加理论，转有私行吊拷等情。因念此项圩田经贵署纳课历交有案，而岁收米豆道出马口亦历有年，从未闻有报关之说。今彼意存勒索，且肆加威雪，为民上者曾为平情一剖析乎？但事之曲直自在公论，要亦不外洞鉴之中。惟是本户佃租运归本户，是否例合完关？即或拟以漏报，不过依例议罚，似不宜擅假刑威，倒悬酷掠。应请费神俯赐查询详细见覆。倘蒙不惜片言得以补偏救弊，事归平允，即免咨关查办，更作一番周折也。手此祇恳。即颂升安。附颂年禧。惟远照不宣。

治愚弟丁汝昌顿首。嘉平十二日。

【光绪十八年】

287.致沽坞

（光绪十八年三月初七日　1892.4.3）

廷一、仲瀛[1]仁兄观察大人阁下：

前过沽上，近聆雅教，兼扰盛筵，愉感之私，匪言可罄。恳者：敝军机厂修整炉皂[灶]需火泥五吨、火砖一千块，希饬备齐楚，四月间“北平”来威送煤，发交该船载运来防应用为幸。手此，敬恳。即颂同安。

愚弟丁汝昌顿首。三月初七日。

---

〔1〕顾元爵，字廷一。高骖麟，字仲瀛。时为大沽船坞先后两任总办。

288.致何瑞堂

（光绪十八年三月十七日 1892.4.13）

前蒙示及许星使由德国代购“定”“镇”两船大炮备用磨盘，业运存尊处。今正曾经奉复，俟弟巡洋过沪就近走取。此书计当早登惠鉴。兹属“定远”派炮官偕同洋弁前往勘视，望费神查照原件公同点交，并希开示清单加派妥人一同运送吴淞，由“定远”水师官照单点收。除已知照该船照收外，专勒奉达，即祈查照，从速办理为幸。此颂升安。

愚弟丁汝昌顿首。三月十七。在沪。

289.复章干臣[1]

（光绪十八年四月初五日 1892.5.1）

日前舟抵闽垣，由北洋防所转到复音，知去岁贡笺已邀省览，就谂弦歌乐只，声施烂然，指见整隆，知不仅造福于吾邑也。

前舍间运取租豆，经马口关留难致起争端一事，深感费心缕晰见示。税豆悉经关委免税放行，而运豆车夫亦无被关吊拷情事。执事既谓稽委员所称各情悉属微实，事过境迁，自亦不烦饶舌。今该关既云，日后遇运租谷过关，持刻通知，即照验放行，自不致再因歧惑而别生枝节。容弟巡洋旋役，即函致舍间，届时当饬取租人妥慎照办可也。祗谢。即颂升安。奉完谦柬。

治愚弟丁汝昌顿首。浴佛日。

〔1〕章维藩，字干臣，时任无为州知州。

290.致杨星垣[1]

（光绪十八年四月十三日　1892.8.9）

此次随同来闽各船有应请修理之处，业经弟于所开呈清折批准，送由贵局查照饬办。昨据“定远”禀称，该船舱面近多渗漏之处，应请饬匠前往一律錾舱，并希增工赶作，俾得早日蒇事南下操巡。是为至恳！此颂台安。

愚弟丁汝昌顿首。四月十三日。

291.复船政杨提调[2]

（光绪十八年四月十七日　1892.5.13）

前因各船工作纡缓，十三日曾布笺奉恳饬催，当蒙赐复迅赶，克如所约，心感之至！日昨复承笔告，“定”“来”两船须廿五、六等日方可完工。惟师船此行驻闽为日太久，拟候“乙”“丙”二次试车毕即全队赴粤。该两船既不能于二十前一律考成，惟有恳饬该管员匠尽已开錾处先行舱齐，继此则随錾随舱。会定行期，设有未竟之作，惟俟旋北再图补绾可耳。手此祇达。即颂台安。

愚弟丁汝昌顿首。四月十七日。

---

〔1〕即杨廷传，时为船政提调委员，主持船政日程工作。

〔2〕杨廷传，时为船政提调委员。

292.致伯行[1]函

（光绪十八年十月初三日　1892.11.21）

日昨由大连湾打靶归防，奉烟、津寄发两示，并日本胜君[2]赠刀，均已收讫。敬悉星旆已安抵津门。当越崆峒，期可接晤，惜未前闻，至失交臂。忆夏东游，不惮蒙暑，下致殷拳，论以公谊私交，正宜载驱沽上，尽数日缱绻，方惬于中。徒以甫旋防所，盈前积牍，亟待简披。而去留南北各艘，又须预筹分布，致羁就见之足，第有徙倚风前，徒呼负负而已。

敝军轮艇，上无房舱，下且逼仄，煤难厚积，马力亦单，用必常行，似非所宜，前见省三爵帅有惯走焦、巢等湖小轮一具，闲置沪滨，俟弟南去，当即为之商借，必可适用。万一中有窒碍，弟再另为设法，以图报命。

在东函恳一节，既叔牙能知我，又子产为惠人，还望于燕居定省之余，曼语及之。小儿葆翼蒙不摈斥，许列门墙。未遑负笈以从，并缺执踞之礼，统俟来春冰泮，相携赴津，再泥首于春风座次也。礼安。

世小弟丁汝昌顿首。十月初三日。

293.致杏荪[3]函

（光绪十八年十月初四日　1892.11.22）

昨率艘至湾、旅等处操巡，据复州童生王德阳禀称，有祖遗册地两处

〔1〕李经方，字伯行，时为驻日本公使。

〔2〕胜君即胜海舟，日本明治维新元老，日本明治海军的创始人之一。

〔3〕盛宣怀，字杏荪，时任津海关道。

产煤，请饬查试办等情。当经访闻，居近防军，曾亦有人前往履勘，佥云煤苗全露土外，上系碎炸，油性却好；下掘则苗尤茁壮，必蕴块煤。似此，若得人试办，将来于沿海水、陆防军未为无济。惟弟将南行，迫不暇及。因念明公于此道素精讨论，用将该生呈到禀图，乘千总孙振德去津之便，统寄奉商，望加核夺。如可见商试办，先祈面禀相帅，倘邀允行，即希俯察各节，会衔禀请，分咨奉天将军暨金州都统查照，并饬该处旗民妥为照料是幸。余有细琐，匆不备述。孙千总明知其详，希进之前一赐询焉，便可昭晰无遗。手此，祗达。敬颂台安。

如弟丁汝昌顿首。十月初四日。

外，附原禀并图。

294.致许仙屏[1]师

（光绪十八年十月初八日　1892.11.26）

敬禀者：窃门生远违绛帐，慕切丹忱。思鹄侍以无由，趋风路阻，更鲲洋之频涉，向日徒殷。恭维夫子大人功崇濬距，福在文章。召河流顺轨之休，清原正本；荷天宠酬庸之命，锡土铭勋。仰跂龙门，弥深凫祝。门生十年楼橹，终岁驰驱。日拙心劳，霜侵鬓短。赋鹈梁而每虞濡翼，羡鲈乡而无计息肩。第有困勉以图，幸无陨越，藉副我夫子平日厚期之意。

附恳者：游击马金叙，曩与门生均发迹铭军，袍泽相依，患难相恤，垂十余年。为人果于任事，谋勇兼长。徒以运蹇牵盐，难逢伯乐，边隅伏枥，未已雄心。幸隶帡幪，乞加振拔。倘有可与进之地，请量施迁擢之

〔1〕许振祎，字仙屏，时为河道总督。

恩。不特该员感激自效，即门生亦不啻同被春风矣。肃禀。恭叩崇安。伏乞遴鉴。

门生丁汝昌谨禀。十月初八日。

外附履历一扣，祈察。

295.复吴挚甫[1]

（光绪十八年　1892）

海疆奔走，无计追陪，怅翔泳之音疏，徒高张之梦结。正深遐想，适拜贲笺。捧诵之余，快同亲炙。敬谂声华藉甚，纂著侈然，继往开来，熔英陶俊。曾不数年而赵北燕南，文人蔚起。倾仰称颂，岂独私交？

承属李君，素知执事鉴赏非虚，使非矫绝当世，才藻过人，必不如此轻与宏奖，乐为推毂。惟敝军自设额缺以来，过江名士，烝然来思，十不一应，席为之溢。几经谢绝，犹觉人浮于事。而从玉斋之后者，颇有一、二老成循序而进，甚亦足资接替。况弟力衰任重，急拟归耕，而亏累撄心，正不得不节私用，预作弥缝之计也。知者谅之，尚望宥予不逮。此复。敬颂著绥。

乡教弟丁汝昌顿首。

〔1〕吴汝伦，字挚甫。此件未注日期，按照原稿顺序排列。

296.复郁山[1]廉访

（光绪十八年　1892）

昨由辽湾打靶回防，欣承手毕。履秋同涉简亵，方惭乃辱齿芬，徒益颜汗。

近闻台从西风匹马，溯走桑乾，履勘一带汛工。并在津门暂停车骑。缕指计之，刻下当卜元旋。伏维荩禔冲和，勋勤灼见，至为钦仰。

承属然与不然数语，使非关爱之切，何暇于理繁吐握之余，远贻药石，私心盛奉，圭臬同兮。至云或有以为然者，是于不然中别增一解耳。自且未见为然，况他人哉？第有戒慎其将未然，补救其所已然者也。其然岂其然乎？愿质诸直谅之益友。

弟拟廿后自乘“镇远”并酌带　[2]艘南行，遇有电局口岸可驰告所在消息。

世兄捷卷已照登如所示，分致并共喻作法励廉之意，不更袭寻常报馆之文。但仪不及物意，奚以将容另集思再仲贺臆。

马令至荷玉成，纫感同深。方伯处先祈道感，容再另函致谢。祗复。即颂台安。

如弟丁汝昌顿首。

---

〔1〕周馥，字玉山，时为直隶按察使。

〔2〕此处原文为空。

297.上李筱帅[1]

（光绪十八年十月十三日　1892.12.1）

筱荃世伯大人钧座：

敬肃者：自别燕晖，煦经半载。缘鲲洋之频涉，致鲤讯之久稽。载仰龙门，尤增依恋。伏维柱福康绥，至为倾颂。

"广甲"等船北来，先后随至大连湾归队操练，虽为日无多，而逐演各技大致均就范围。惟查"广甲"原配横杆笨滞不灵，不便操练，当属余统带至粤禀请核夺，饬局更改外，派敝军帆缆洋教习随往，使监工作，以期妥慎。洋管炮哈卜们复派一同赴粤，了当前番未竟各事，诸有头绪，再令回防。惟洋人在华，一专信任，不少好大喜功，矜张无忌之弊，更望于与见之时，励之以勤，无过优遇，庶足以杜骄肆之渐。

调用水雷弁兵，昨商同刘道拨到三弁五勇，悉交"广甲"带粤分布，暂资理料械具鱼雷。当立基之始，综领挈纲，宜资熟手。侄曾日久留意，但不识左右是否有足胜任之员，统容冬令到粤，再面禀商一切。

夏间蒙示，胪举将材，为鼙鼓旧人稍辟显扬之路。相帅处秋间共举九人，闻年尾亦于平时月旦之中选胜奖进。但粤之诸悉洋务，行伍如余统带、杨中军，洵越等伦，颇不下人。想已秀之苗，素叨泽润，兹者自必加与培成，乐观其实也。

舍亲张志鳌，虽久役戎行，职微任薄，敢代妄希，若叙前劳，许与振拔，悉出恩施格外也。

再，余统带少从马槊，晚习楼橹，学非有本，究非久计。外海镇将，

---

〔1〕李瀚章，字筱荃，时为两广总督。

遇有相当之缺，倘邀俯念数载跋险之劳，与一隅兼摄之任，目前无更张迭，日后退有余地，则高厚所及，庶堪依托终身，其感激自效当何如也。

前韩王见赐参枝，质尚非劣，用捡红白两种各十斤，附备药笼之选，望赐纳为幸。肃此，恭叩崇绥。余维垂察。

世愚侄丁汝昌顿首。十月十三日。

298.复龚鲁卿[1]、刘芗林[2]

（光绪十八年十月十四日 1892.12.2）

日前“遇顺”到威，敬承手毕，聆悉种切。拨到水雷弁勇其应赴粤中者，于今晨随“广甲”前去，闽中两名派住“威远”，候南下带交方牧可也。尧臣各节，面时必照所示一一转达。福来舍住旅，既以为便，冬令威无事，当饬其近麾右泊，核所有各船未甚谙练雷奥官弁，临行前均饬派驻该船，专一讲求。福来舍并希随时谆嘱，按程悉力教导，若似今岁之一暴十寒，亦觉有负责望。威防积件，日来如理棼丝，粗有就绪，拟月之念五六日自乘“镇远”，外带六船南下。围炉粗暇，独走朝风，鸟倦知还，怀我不如，知己如君，何以见教？手此胪复。敬颂同勋。

如小兄丁汝昌顿首。十四。

---

〔1〕龚照玙，字鲁卿，时任旅顺船坞工程总办。

〔2〕刘含芳，字芗林，时任北洋前敌营务处。

299.致支应局

（光绪十八年十月十六日　1892.12.4）

别从秋涨，煦见冰澌，徒倚朔风，怀人倍剧。近维台候胜常，至为倾颂。

伯华[1]中道殂谢，闻信怆不自胜。身后萧条，尤深凄恻。现敝军拟公致奠金，薄将助赙之意。惟弟等南行期迫，促不及办，伏望惠挪京平银五百两，并恳就近为之饬送，由来春正饷扣还。至恳！至恳！此颂同安。

愚弟丁妆昌顿首。十月既望。

300.致刘康侯[2]

（光绪十八年十月廿六日　1892.12.14）

周流海娇，翔泳久稽。春树暮云，动劳渴慕。近维兴居纳祜，鼓铸宣勤，载企声华，至各远颂。

恳者；敝军"超""扬"两船前后大炮，因操放年久膛内铜环早形松溢，未尽适用。旅局新设修炮机器多有未备，而此项要工，似又未便姑置。因念贵局器利工精，兼有阿摩士庄洋匠驻厂照料，又为可靠。因详请相帅行文贵局，代为验换。兹遣"致远"邓管带带同该两船前往。惟津河即冱，公又周转偶逢，敢望先饬相度动作，俾早工蒇归队操巡。至祷至祷！此恳。

[1] 朱福荣，字伯华，时任海防支应局委员。

[2] 刘麒祥，字康侯，时任江南机器制造局总办。

敬颂台安。

丁汝昌顿肃。十月廿六。

【光绪十九年】

301.复刘芗林[1]

（光绪十九年　1893）

日昨到威，曾驰电奉告，谅邀察及。台从在威所留笔告，均各聆悉。兹者，柏森已考毕，威海雷营派“康济”送往大连湾。并福来舍亦随同该船便过旅顺，敢候委用。

“康济”洋雷匠威廉差期已满，敬请主裁。倘可不需此弁，可查照合同函致稷臣，将应给之费一并算付，遣去之。属向南中购件，遣杨发送呈，望照收，该价容面时再奉达也。弟拟初十左右去津，归途倘事绪不繁，庶可纡道过旅，聆教益也。此达。敬颂台安。

302.复周郁山[2]

（光绪十九年二月初五日　1893.3.22）

一昨猥以春期，远承布序，迫务交乘，不略细节。具徵拳念，在远不

---

〔1〕刘含芳，字芗林，时任北洋前敌营务处。

〔2〕周馥，字玉山，时为直隶按察使。

遗也。载诵另笺，尤见详切。发函伸纸之既，不异抵掌一堂，近聆清颏也。惟新祺丕懋，至各倾仰。

马令前蒙曲予振拨，擢补大名。今读笔告，有元城之说。系已定之局，复有更易，抑纵笔疾书之顷，意得者言忘耶？元大现经陈守请互调署，暂不更动。盖虑马令初任首要，不似驾熟裕如，亦意中事。但该令虽从军海上，到省日亦非浅，问文言论，抚字催科，尚能不昧体要。特念亲老家贫，既有路展足，不便再令羁日不前。前将经手案牍，又另委接替，使先回防，摒挡赴省，听候策遣。倘大名一时不便更张，台从有意以他缺调署，可否商请即以秘令底缺，暂委该员往署。日后迁移，不烦别作区处，不显修凿之痕，实属培成之力，是赖明旋斡其间，毋任抱空质以游焉。

伯华〔1〕长才短驭，惋悼同深，身后萧条，尤增酸楚。敝军已公具五百金为赙，函恳支应局就近拨送矣。乐章俟由津旋，饬拟定后，再请公核。

前函称呼倒置，非不知谦不中礼，然营中习尚，往往皆然。盖不敢以一日之长，居之不疑也。袭俗近浮，敢复文过！惟古人以酒行罚者，如杜蒉、杨觯、太白之罚，依金如酒数，是受罚者饮，而行罚者治酒也。岂胸罗律例者，独于此例故作颠倒乎？惟俟相见，负荆待公，发如绳之尊，期以不醉无归焉。

各口炮台，经本营自行勘估，责有专归，有相形见绌之恐，庶能竭虑殚精，力求核实。局外人复勘，不过徒增一番粉饰虚文，盖亦空劳无补耳。公本内行，且以外行自逊，况昌乎？在公所退让不遑者，亦我躬所不逮也。无见推许，拜赐良厚。月朔由南抵威，初十左右赴津，行李倜稽，望尘奠及，不无悒悒耳。手复。祇颂台安。

如小兄丁汝昌顿首。二月初五日。

---

〔1〕朱福荣，字伯华，时任海防支应局委员。

303.致裕寿泉方伯[1]

（光绪十九年二月初五日　1893.3.28）

远隔鸥程，稽瞻雅度，虽因时而通问，究联袂以无从。道阻思长。抑何可任？近维禔绥愉懋，亮绩莹煌，翘首谲晖，式为倾仰。

马令毓藻，前蒙拨植，擢补大名，曾专笺驰布谢忱，度邀省鉴。兹者已令将积年经手案宗简料清结，另委接替。促之到省，听候使令。惟该员服勤海上将近廿年，虽久相从，依旧寒素，加以亲年垂暮，家景尤艰，或一淹沈，殊难为计。仗公提挈，犹之由瑟已许升堂，而人室步趋，尤赖不惜驱策之，方足以观其遵德之实也。幸甚幸甚！手此，即颂台安。

弟汝昌顿首。二月初五日。

304.致刘芗林[2]、龚鲁卿[3]

（光绪十九年三月初八日　1893.4.23）

前道出旅防，饫聆伟论，兼荷行觞见召，属餍之余，快何可量！

承见商以"敏捷"更换"海镜"一节，以窳易坚，以裨操练，他山之助，所惠诚多。兹派戴管带遵驶"敏捷"赴旅，并饬巴兰柏、司夸耶两洋员随同前往，就近候示勘视"海镜"。惟停泊水中，船底未能周览，启恳饬该管人员将该船拖带入坞，并请允派贾礼达会同戴管带等详细逐验后，

〔1〕裕长，字寿泉，时任河南巡抚。

〔2〕刘含芳，字芗林，时任北洋前敌营务处。

〔3〕龚照玙，字鲁卿，时任旅顺船坞工程总办。

再将全船应行修换各项，一律妥慎拟定，开折呈送核夺。并饬估计需费大致，即由尊处主稿，会列敝衔详请办理。是为至祷！手此，即颂台安。

如小兄丁汝昌顿首。三月初八。

再启者：前复州文童王德阳请转详试开煤矿一案，所与两公粗商大致，猝未及办。昨在津门，以杏荪于开采功用素所讲求，爰公同商榷。据该生所呈情由，会同详请相帅，分咨办理。蒙批除照咨外，并应移会贵处，就近督令妥议章程各等因，当由杏荪备文，移请查照。因念该矿露苗既旺，若经试办，掘有块煤，庶为轮艘有备之储。今浮面碎煤，亦堪济沿海陆军炊爨之用。明公凡于物有济之举，靡不力顾全局，乐于观成。兹者更望不惜纤筹，从长计议，俾不致中道而废。纫感公谊，实有同深。载勒奉达。复颂同勋。

汝昌再顿首。

305.复刘芗林[1]、龚鲁卿[2]

（光绪十九年三月十四日　1893.4.29）

敬复者：顷奉函告，前由敝军挑备雷艇差委各学生，经贵处先后任用，各有据支俸饷外，惟朱世桢一名，尚未委差，仍应照给原领学生薪水，以资用度。查该生春季薪水，业由该管“威远”林管带照章承领前去，方待遇便寄交。兹承台诵，当令照缴前来。计该生春季应领薪水洋银四十二元，又京平银十六两。附饷单一纸，一并寄请查照转发是幸。即请台安。

---

〔1〕刘含芳，字芗林，时任北洋前敌营务处。

〔2〕龚照玙，字鲁卿，时任旅顺船坞工程总办。

名正具。三月十四。

306.复袁慰廷[1]

（光绪十九年三月十五日　1893.4.30）

远隔使旌，无由把晤，思多置少，想同之也。前于“靖”“来”两船东去后，数承电示，均敬阅悉。昨两船蒙撤回防，复拜手毕，藉谂近履绥愉，侍祺康胜，至如所颂。东学教匪，虚作不平鸣，技类黔驴，致起群魔之吠。恃明公应机电筹，得以弭患未形。韩人故习，惯起猜疑，每因自扰而多事，此风不移，终可虑也。总署电本，往者曾蒙相帅发给一本。现遇电事须秘者，均通用电报新法。甜告。复候星绥。不尽！不尽！

世如兄丁汝昌顿首。三月望。

307.致刘芗林[2]、龚鲁卿[3]

（光绪十九年三月廿六日　1893.5.11）

敬启者：敝军威海机厂近年制造日繁，原来锅炉既形湫隘，历年亦久，难以合用。前禀蒙帅批，准由该厂加大改制。现已逐渐兴工，惟锅炉铁皮一宗，该厂滚床质小力微，未能圆转合度。因念贵局机件均为巨制，滚床力必有余。拟派匠携同料宗，乞假机力一为冶制。工作悉令派去匠人自行

〔1〕袁世凯，字慰廷，时为中国驻朝通商事务总办。

〔2〕刘含芳，字芗林，时任北洋前敌营务处。

〔3〕龚照玙，字鲁卿，时任旅顺船坞工程总办。

料理，约计十余日工夫当可告蒇。倘蒙俯允，应俟示复，再行饬派前往可也。手此祇恳。敬颂台安。

名正具。三月廿六日。

308. 致刘香林[1]、龚鲁卿[2]

（光绪十九年三月廿八日 1893.5.13）

敬复者：顷奉函属，津局现禀开造四十七密里连珠炮子，由敝军索取原配开花子、钢子两种各十颗，以资作样。兹照饬由“济远”捡取，如数交“镇海”带呈开花子一宗，并附有引信。十个装子铁箱便祈掷还，仍旧该船应用是幸。查群子弹一项，原来均未配存。台并附陈。复请台安。

名正具。廿八日。

309. 复连捷庵[3]

（光绪十九年四月初十日 1893.5.25）

日前贵差及孙弁来，賫到手示，敬承一是。王德阳报效煤地一案，即禀帅批准其试办。并咨行奉省，通饬照料。由旅顺局总就近妥议章程，应俟香林、鲁卿两观察督同拟定，详请批示后即可前往开采。似此办理，于前后案情，方谓相符。惟据王德阳禀称，以及孙弁并贵差面述，尊意或禀

〔1〕刘含芳，字芗林，时任北洋前敌营务处。

〔2〕龚照玙，字鲁卿，时任旅顺船坞工程总办。

〔3〕连顺，字捷庵，时任金州副都统。

帅颁示，或由弟处发给札凭办理，较为有据。惟刻下未见定章明文，未便复以他议。迳言札文一节，初系敝处会同详办，不妨查照批准案情，行知遵照。明知该童无力承担，然又不得明归官办，其中应需佐理，不得不饬由自觅。意在尊处所派经管之人，包含该童之列，方觉不显迹象，期符原案也。遣来张弁在麾下从役有年，既令参画其间，出入必能可靠。倘察其素行足以信任，将来委二人从事其间，庶内可以固根本之基，外有以广生发之路也。统希酌裁主行，是为至幸！此颂近安。

如弟汝昌顿首。四月初十。

310.致刘芗林〔1〕、龚鲁卿〔2〕

（光绪十九年四月初十日　1893.5.25）

王德阳呈请试办煤矿一案，经会详奉批后，于上月初八日曾附笺缕达并代恳各节，谅邀察及。昨该童来称，前在旅防曾蒙传饬详询各情，已将所拟试办节略，禀请核办。其间或许增添，或应删减，如何悉臻妥贴，敬望主裁定夺，就近饬示，俾该童早日得有遵循。至幸！至幸！此颂同安。

如小兄丁汝昌顿首。四月初十。

---

〔1〕刘含芳，字芗林，时任北洋前敌营务处。

〔2〕龚照玙，字鲁卿，时任旅顺船坞工程总办。

311.致乐峰中丞[1]

（光绪十九年四月十九日 1893.6.3）

再肃者：暮春衹报一笺，摅陈悃结，度邀赐察。入夏以来，伏维侍福康愉，政躬绥密，至为跂颂。

前属颂帅请谥各节，入告之章，文帅意涉犹疑，商恳归相帅奏请办理，阐美盛举，知所乐为。惟事属隔省，若经文帅牍商，会同入奏，措词有据，庶觉易于为力。本拟夏间赴津，藉禀商公件之便，面陈斯举。惟因各船即须到旅进坞油修，而工程有应督同向局核议之处，倘稍缓时日，未见非宜。俟船工略有就绪，即飞棹至津，面陈帅听示下，果邀允可否也？

再，蒋令子蕃穷经致用，才艺优长，洵学优士也。自隶帡幪，深蒙嘉许。今值恩科，可否仰邀拔擢，委派内帘差使，以资劘切。悉出逾格鸿施，其感激自效当何如也。前属购东洋团扇，已函托友搜索，一俟寄到，即奉供清赏。附肃。载请台安。

丁汝昌附肃。四月十九。

312.致龚鲁卿[2]

（光绪十九年四月十九日 1893.6.3）

码头验收一案，前已奉帅行知。嗣闻台旆初间游威，深冀会晤，交收

[1] 奎俊，字乐峰。

[2] 龚照玙，字鲁卿，时任旅顺船坞工程总办。

不数日可期了当，涤樽扫榻，几于望眼欲穿。顷奉电示，悉以公忙，暂缓命驾，属敝处先行验收，派人接管。当偕星斋至工周览。据匠头胡德三面称，雷桥应配铁练，尚有五六日工程。应候完竣，先派水师官到工，照折开逐对一次，仍俟驾至，再行核夺详复也。惟查码头桥面及委员居室或堆积未清，或存储繁置，若遽派人接管，两相夹杂，中多未便。应请派一专轮并饬该管人等，将工程积储备件扫数归结运旅，再归敝处接委经理，免在下无知之流生轇轕于事后也。手此，奉恳。即颂台安。

如小兄丁汝昌顿首。四月十九日。

313.复李伯行[1]

（光绪十九年四月廿二日　1893.6.6）

沪滨邂逅，倾道襟怀，一判游踪，遂同劳燕，思多置少，此情想有同也。别后，旌从殊昧审度，致稽通候，歉怀曷已！

顷文报局转到婺尾自芜惠寄一示，附有宁局代修小轮费用清单，属归敖处挪款划还。惟自兴设旅坞，各船无论大小修理悉归承办，些许若非专禀，别无余款可以补苴。兹以零修细宗专案详办行局核议，必执近无成案为词，不无饶舌。查往者南船来北会操，不乏损缺零星，历经敝军机厂修整并案除销，未尝索交经费。特以军虽南北，谊若一家，事罔非公，何分畛域？令宁局代整轮艇，费固无多，可否由执事转达情由，请予销报，似不致因此不值之款而过较锱铢也。前派去管轮学生，查所造技艺，司理小轮不致或者竭蹶，乃竟迭出疵累。罔非漫不经心，放惰偷懒所致。倘仍不

〔1〕李经方，字伯行，时为驻日本公使。

慎经管，所有修费当责令罚薪赔补。伏望转饬知照，并破除情面，严于董惩。设从此知儆，不再违误，免更易生手，又必长迟，两费周折。大旆北来在迩，果依旧不堪策用，拟俟晤面商办，未识尊意为何如耳。此颂素履不宣。

世小弟丁汝昌顿首。四月廿二。

314.复龚鲁卿〔1〕

（光绪十九年四月廿三日 1893.6.7）

敬复者：昨“康济”回防，奉赐简，并前派匠运去机厂锅炉铁板，已蒙贵坞帮同制就，均照收讫。非藉重旋斡大力，安有如此奇速，纫感良深。承属验收码头以及派人接管各节，前已函达，谅蒙察及。未审何日饬轮捡运工程积件，并大旆莅止准在何时，均为翘盼不已。祇复。敬颂同安。

名正具。四月廿三。

315.致龚鲁卿〔2〕、刘芗林〔3〕、王毂卿

（光绪十九年五月十一日 1893.6.24）

敬启者：兹派“致”“济”“靖”三船前去旅顺，所有紧要各工请分饬务于下月初十前蒇事赴沽。昌下月初六带“定”“经”“来”三船去津，以

〔1〕龚照玙，字鲁卿，时任旅顺船坞工程总办。
〔2〕龚照玙，字鲁卿，时任旅顺船坞工程总办。
〔3〕刘含芳，字芗林，时任北洋前敌营务处。

便相与会齐，候送伯夫人灵輀，并先期定日同伸祖祭之意。一经事毕，即率同该三船趋旅入坞。惟当“致远”等离旅之后，“定远”等未到以前，拟令“康济”“平远”乘间前往油修，庶坞既免空用，而敝军例工亦可早日清结合队操巡也。手此祗达。敬颂同安。

名正具。五月十一日。

316.复英领事阿林格

（光绪十九年八月初十日　1893.9.19）

“康济”回威赍到来书，知故弁丕三德所遗衣物等件，均经该船过烟时悉交贵处照收，并附来收单，已经照存备案。至该故弁应找薪银等款，昨经炮教习立克路司请转知天津罗营务处，查照合同，应给各款，仍兑付汇丰列入丕三德帐内，已行文通知照议办理矣，复候近祺。

名另具。八月初十。

317.复李勉林[1]

（光绪十九年八月初十日　1893.9.19）

前奉手毕，并应领备用万金，业经“湄云”黄管带如数解到，饬委照收。嗣奉会示，三舰、四快船请造备换锅炉，议拟宽展年限各节。现有数艘驻旅油修，其中亦多有应归旅坞定持情事，拟不日乘东趋打靶之便，齐

[1] 李兴锐，字勉林，时任海防支应局委员。

集会议详确，再奉复也。再颂近绥。不尽缕缕。

小弟汝昌附状。八月初十。

318.致龚鲁卿[1]

（光绪十九年八月廿五日 1893.10.4）

敬启者：前准贵处备开应需驾驶管轮两项学生，以备雷营艇接替差缺之用。当饬“威远”林管带挑选籍隶近省学生驾驶二名、管轮三名，备文咨送查照。惟查驾驶王宗墀、黄承勋两生，一者准假娶亲，一者应学炮艺尚未毕业，计在十月末可一律竣事，即令赴旅听候遣用也。此达。即颂台安。丁汝昌顿首。八月二十五日。

又，“靖远”船此行在湾打靶，锅炉汽管本皆旧朽，经此震动，多有渗漏，拟请贵局将所储该船备用烟管捡发三百条，另领火泥一千磅，以备回防自行修换。又称上两年由贵局请领未经发付之件，因有信游历外洋，似宜早日筹备，以资应用。伏祈查照，一律补发是幸。原折附呈。此恳。即颂台安。

丁汝昌顿首。九月初四。[2]

附折一扣。

计十七年请领未发：

六股红铜绳三十磅

六寸径阿摩士庄抵炮法条一个

---

〔1〕龚照玙，字鲁卿，时任旅顺船坞工程总办。

〔2〕光绪十九年九月初四日（1893.10.19）

风袋一个

窗门玻璃两打

圆皮套电瓶四十（配大炮用）

十八年请领未发：

洗船器具箱四十

铜水漏四个

唐蒙顺量水深浅砝条一个

克鹿卜二十一生验子钢环一副

粗白铁绳廿磅

帆布水龙管六十丈

小轮并舢板辘饼六副

起锚车盘棍一枝

十寸径笠式电灯罩四个

炮尺内小玻璃电灯十个

炉坝砖二副，计一百四十块

又，昨交“超海”原差奉报一书附致，仰哥候函，未审曾邀省识否？“致”“济”两船锅炉图，顷该船归队查取前来，派“康济”驶送前去，至祈查收，用毕，仍希掷还是幸。此达。即颂台安。

丁汝昌顿首。九月初五日。[1]

---

〔1〕光绪十九年九月初五日（1893.10.20）

319.致刘芗林[1]

（光绪十九年十月十七日　1893.11.24）

前奉手毕，并寄来岁大阅旅防操演章程，均敬读悉，敝部宜合蹈循前辙，逐细拟议。惟全军须从节船游行海上，或因风雾参差，临时不免骧有更置。至各船炮位数亦繁沓，若必开入阅章，须合大小齐列，亦断难于容与之顷，徐徐周览耳。兹第有综其大略，拟缮数条，寄请渊察。设须续刊一律附入，尚望加之润色，以文粗疏之陋也。手此祗达。敬颂台安。

如兄汝昌顿首。十月十七。

外附节略清折一扣。

320.复李伯行[2]

（光绪十九年十月十九日　1893.11.26）

昌前由辽渤秋操归防，欣展教言。

谨悉伯太夫人已妥卜牛眠，奉归吉宅。吾兄慎终至尽，以云相称，斯为无忝，曷胜钦伏。惠荐龚君，缘许可充闲散书记，当于无可设法之中姑为尝试。不谓专任，实有难胜；帮同缮写，又复不惯伏案。闻报差旅顺等处，行乖检束，颇著劣声。因其志在援励满付二年薪水，一任所向也。至云克家者，杏荪派赴芜局，既难碍苦，弟处局面则更狭隘。此辈奢愿难偿，

〔1〕刘含芳，字芗林，时任北洋前敌营务处。

〔2〕李经方，字伯行，时为驻日本公使。

徒劳忘返，究何益耶？属附保刘、方二君履历，遵留。届时相帅果许逾额列奖，自当有以报命也。此复。即颂礼安。

世小弟丁汝昌顿首。十月十九日。

321.致龚鲁卿[1]

（光绪十九年十月廿日　1893.11.27）

前者，得庐阳书院首事张、李两公来书，并附来各处捐输收据，属昌转收。查旅防计尊处一纸；亲、庆两军各一纸，兹一并寄请台从，分别存纳转交。费神之处，心感以具。此颂台安。

如小兄丁汝昌顿首。十月廿日。

322.复龚鲁卿[2]

（光绪十九年十一月初五日　1893.12.12）

月之初四日奉赐函，准天津军械总局函送弟委所陈鱼雷门火及炮拉火节略清折，并新造炮铜螺丝拉火二十枝。收讫后，当发交陈游击，会同“定远”司炮员弁，分轻重装实，著逐一试放。又提旧存拉火十枝，同时参试，以资考校。兹据开折具报，并将已放新旧拉火共三十枝，送请核转前来。查此次新制拉火，其铜质已足与西国相埒而微有漏火之弊，盖居梢顶

〔1〕龚照玙，字鲁卿，时任旅顺船坞工程总办。

〔2〕龚照玙，字鲁卿，时任旅顺船坞工程总办。

处未能一律磨平故耳。能再加砥砺紧练之工，守一成不变之法，历久不使或有减率，斯为足恃矣。其旧存拉火，若遽通缴，恐又乏用，容俟新制领到再易换也。

至所议鱼雷门火，查敝军除由外洋随雷备储若干，历试无少参差，余系领自津局。但期日后仿制，考核表里，一如曩所送存西国原式，任所取试，万千如一，纵无字记，亦足擅长，似不烦因无关轻重之微过劳办难耳。以上各情节，酌复为幸。承调许启邦，据该船管带声称，尚有经手未竣之事。俟该船便中巡洋过旅，当由林镇面陈其详。倚装草复。敬颂台安。

丁汝昌顿首。十一月初五。

外，清折一扣，放过拉火三盒。

323.补录致李筱帅[1]稿

（光绪十九年九月初七日　1893.10.16）

前于秋中，曾贡贺言，并附简别陈数事，兼展积忱，度邀垂省，比谂杜躬矍铄，庶政熙绥，至为倾颂。

粤船北来驻威防，随同操练将及两月。上月末旬举行秋操，插配敝军舰队驶巡至大连湾，轮日分队打靶。所有施放鱼雷及各项炮位取准程数，敝军十三艘中有一、二支离不堪列等，纵余船不少超特而优劣悬绝，究愧未能一律。粤之三船，台校炮雷两技，大率得有八成，能从此敏求无怠，乘时逐渐扩充，逆料将来可期屏蔽岭南，折冲境外，是非选任得人，力求深造，见效之速，鲜易臻此？所有历蒙调用员弁，经敝军开去底缺，仰荷

〔1〕李瀚章，字筱荃，时为两广总督。

破格成全。陆路遇缺，随时曲予插补，如斯高厚，尤足结其报效之诚。惟余统带创办之始，苦志经营，轮舻奔驰，尤深岁月。频年四涉，熟悉一口情形，增一处联络。入有定款，出无常规，迹露支撑，不无亏累。

查粤省外海水师协镇，一岁之中居岸巡洋各居其半，虽在官守，不废操巡。余统带已蒙奏请准补，近或遇有相当缺出，可否俯予仁施，俾该员得沾加润之恩，用以示在上励劳之意。兹者之请，非缘受托，徇意进言，盖实察其简练所部，才长力果，游刃有余，用不避妄越之愆，而作此呫哔之请。知此区区，必蒙昭鉴而垂宥之也。祇请崇安。惟俯察不尽。

世愚侄丁汝昌顿首。九月初七日。

【光绪二十年】

324.复奎乐峰中丞〔1〕

（光绪二十年三月廿九日　1894.5.4）

再肃者：前道出歙浦，喜接前旌，如出望外，极情倾盖，尤慰怀来。叨盛筵醉公瑾之醇，聆逸著胜善才之素，客虽不速，乐且未央，快意之遭，斯为难得。偻指计之，星旆早卜元旋，维侍福康荣，政躬绥密，至如远颂。

把总许济川即邀鉴别，自非闽中夤缘幸进一流。惟目前待补学生十分拥挤，洵难议任。谨当留意，徐以图之。大阅保案，例有限额。纵另请附列，而余波所及，实难委迈于源。乃自去冬至今，衔条四至，有百数十之多，悉如求给，岂力所能？怨府所丛，殊绌于计。承属二尹姚君，果旧有

〔1〕奎俊，字乐峰。

渊源，谊非可却，当曲为设法，以图报命。至该员履历，伏望转饬早日寄下，免临时促取不及，有违误也。再颂绥福。

汝昌附状。三月廿九。

325.复盛杏荪[1]

（光绪二十年四月十八日　1894.5.22）

前走津门，值政体违和，未获一握为歉！近想日臻康胜，喜占勿药，殊系怀来。

复州矿事，尊见既属相同，已会台衔详请分咨停办，底稿附呈，希书行备案。善观察处同日函复，详稿附之。此颂痊安。

如小兄丁汝昌顿首。四月十八日。

326.禀筱帅[2]

（光绪二十年四月廿四日　1894.5.28）

前粤船北来并大阅毕事，曾将大略先后电陈，庶邀赐察，近维柱躬康胜，至为远颂。

汝昌三十一日送相节至山海关登岸，随带各轮于昨日回防。此行周回北海，不满兼旬，计阅口岸六处。相节体兴并健，勤若忘劳，龙马精神，

〔1〕盛宣怀，字杏荪，时任津海关道。

〔2〕李瀚章，字筱荃，时为两广总督。

有非常人所能及者也。当全队由沽至旅而湾，演阵打靶，其时英、法、俄、倭各有兵轮睨视其旁，相帅意恐稍涉疏懈，不足以警众目。差幸将士就平日所学，殚精竭慎，俱能灵捷有准，深蒙嘉尚，喜形于色，他族亦颇交口称叹，若意料所不及者。在北军尽十余年培植之功，有此片段可观之效，差云非懈，鲜异足称。惟粤军创设未久，而周规折矩，骎骎乎有当仁不让、青胜于蓝之致，骤臻斯境，诚为难得，汝昌羁迹在北，岂控驭所能遥及！所恃余统带简练有素，劳怨不辞，既加振作于前，尤宜固持于后。该统带虽摄琼镇巡洋之责，例不容辞，刻署中一切当有头绪，敢祈饬知仍不时就近率同出海操巡，庶免散涣纷更，渐与沪、闽兵轮同归一辙，致负吾师缔造深远之至意。区区怀抱，知有不谋而合者矣。

至三船管带，此次应校，俱能谨小慎微，有怵人我先之志，纵前间有微过，已面加惩劝。此番军校能不稍贻夷舰讥评，功能足谓相抵，其前应更置之员，姑乞推恩暂于仍旧，并责成余统带加意纠察，若仍复蹈前愆，再饬禀撤未为晚也。各军保案，相帅面谕，仍照前次成例办理。谨以奉闻。肃此。恭请崇安。附叩节禧。

门生丁汝昌谨状。四月二十四。

327.致开平矿张燕谋[1]

（光绪二十年四月廿五日 1894.5.29）

敝军机厂应用火泥，向由贵局领用，列煤款项下一律划销。兹该厂尚须火泥十吨，乘“康济”赴津之便运解来威，务乞见信饬送该船照收为幸。

---

〔1〕张翼，字燕谋，时为开平矿务局总办。

此颂台安。

愚弟丁汝昌顿首。四月廿五。

328.致樊时勋[1]

（光绪二十年四月廿七日 1894.5.31）

节后拟饬“威远”出海操练，历走东洋并海参崴各口，望知照长崎倪尔舜，该船应需煤吨届时依领照发。再厢管[2]备二百吨，又海参崴备二百吨，应由某商承办，俟船到自行到船通知。倘太费周折，虑不易办，望速字知，以便改由别口添取。所有各口取用煤斤，统俟装毕汇寄发票前来，再为付值。

再，刘献夫观察昨允捐建庐江试院三千金，不日耕云去津领饷携取前来，拟交合顺汇寄尊处。俟款到，希妥交曹肯堂军门，转解庐邑付清。务望索取收条寄下，以便回报前途也。曹处，昨已先有函通知矣。手此。即颂近祉。

汝昌顿首。四月廿七。

---

〔1〕樊时勋，买办。

〔2〕厢管，即日本北海道港口城市函馆。

329.致于晦若[1]

（光绪二十年五月初二日　1894.6.5）

一昨襄校莅威，事绪并会，地主之情多所疏略，至为赧愧，维动定增愉，纂著日侈，以忻以颂！

近奉部文，催缴朱批折件，敝处多有未谙，惟有仍乞费神主持，分饬代办恭缴。兹将历年所奉批折，全数寄请查核。其应缴者，即恳惠饬查照定章办文附递，余者仍交董号房寄回。拟日后当缴折件，倘荷由尊处扣留，随时汇办，省费周折，则尤为感勒矣。但求将某事几件见示一纸可也。此颂著绥。

教弟丁汝昌。五月初二。

外附历年收存折件一包共三十七并分目清单一纸。又及：

恭谢天恩折三件

皇上元旦天喜贺折三件

皇上万寿祝折四件

皇上圣躬万安折十一件

皇太后元旦天喜折三件

皇太后万寿祝折两件

皇太后圣安折十一件

以上共三十七件。

〔1〕于式枚，字晦若，时为北洋大臣李鸿章之幕僚。

330. 复郑诚斋[1]

（光绪二十年五月十一日 1894.6.14）

顷承手告，一一敬悉。藉谂整军之暇，督率卒五，相度土工，俾军实根本之地，资以深固。贤劳之卓，同与不磨。钦佩之私，不容自遏。

至属附保罗、松两君，远重台命，力合效绵。惟当严核奖案之始，相帅因此审慎核保之谕，尤为谆切。纵实为新设之员，若未以衔名先行达部，此案亦率难列入。似此力不从心情状，执事近在津门，谅已昭晰，无俟缕陈。罗、松两君势亦乏术以报台命，见宥不逮为至幸焉。荫司马事，前已函复坤、李两处。毕润侯兄，敝处人浮于事，苦无悬席。麾下居陆，倘易位置，则感有同深者矣。此颂勋安。原书并衔条奉缴。

如弟丁汝昌顿首。五月十一。

331. 复何薪畬

（光绪二十年五月十四日 1894.6.17）

昨展赐书，见属勉林西席邱君附保一节。论勉老，同官既久，道义素钦，从不肯轻藉齿唇，泛为援引。兹邱君之请，料非谊所容辞。况重尊属幸，阶非崇显，当于无可设措之中，委曲以图。惟值核奖法严之始，恐非以履历先行达部立案，临时不免被驳。望先转知将履历速为寄下，届时果有一线之隙可以为力，必有以偿其所愿也。手此，祗复。敬颂勋安。惟照

〔1〕郑崇义，字诚斋，提督衔升用总兵。

不宣。

愚弟丁汝昌顿首。五月十四。

332.复李伯行[1]

（光绪二十年五月十三日　1894.6.16）

清和十八，驰布一笺，寄芜湖招商局转述，度邀青睐。

昨复联奉两示，均敬读悉。次旌太守曾于十七年附列奖案，相帅素所目稔，既经剔退，犹责以滥作人情，此次纵再列入，无非依样胡芦，徒为无益。况春间因瑞少司成一疏，谕旨极严，人数太繁，必干未便。钰卿之世兄，亦惟俟下届章程稍松再图报命也。令弟印经叙者，查前交履历，系以考取知县，保选用同知，宿诺未践，时作于中。此番无论若何拥挤，拟作计列请。但念事隔三年，现时履历是否更有升阶？望速捡寄下，以便照造汇详也。专达。敬颂近绥。

世愚弟丁汝昌顿首。五月十三。[2]

333.致张小传[3]

（光绪二十年五月廿一日　1894.6.24）

前承专笺赐贺，非分之遭，谬荷宏奖，抚衷惭恧，益复不支，当祗裁

〔1〕李经方，字伯行，时为驻日本公使。

〔2〕原稿中此函与前函排序颠倒，现据时间予以调整。

〔3〕张绍华，字小传。

伸谢，度邀青及。

一昨复承逮简，读悉种种。就谂宣勤濬距，茂著贤劳，任巨持难，卜当告蒇，至为跂仰。令亲马憧之大令，襄共一军，颇稔志趣。继闻抚字晋中，窃欣得展素抱，不图权绶未久，转益穷愁。论旧日相从之谊，区处之责，岂复容辞？惟敝军近岁操业来投者几于无月不有，谢却未遑，后来旋集，以致投闲置散之辈随处嘈嘈，无术以应，惟有听之。然耳目所触，烦扰已复难堪也。尊属虽谆，骤难覆应，务望代阻其见枉之殷，免重徒劳之役是幸。祇复。敬颂台安，不尽缕缕。

如弟丁汝昌顿首。五月廿一。

334.复吕秋樵〔1〕

（光绪二十年五月廿二日　1894.6.25）

稽亲淹雅，积有岁时。每溯前游，辄为神往。文旌内渡，度必道出沪江，可期把臂，不图前后相左，欲白积抱，无由倾泻，怅触良多。

昨承逮简，猥以非分之遭，辱言道贺，且感且恧。就谂黄节竟功归而宰治，专任固足以有为弹丸，若未以足展素抱。然行远自迩，登高自卑，知卓尔才华，固非目前一官一邑所可限也。通融之属，谊岂容辞？惟现当东藩不靖，事极倥偬，愧鲜闲情为之主券。暂搁不报，恐劳延望有误要需。用陈未逮之由，希再别为之计。知我者自当有以谅之。汪君文溪附奖，亦非现所暇计，届时果于新例不背，庶可同登也。复贺除喜，不尽缕缕。

愚弟丁汝昌顿首。五月廿二。

〔1〕吕增祥，字秋樵。

335.复窦子桂[1]

（光绪二十年五月廿三日　1894.6.26）

再启：载诵另笺，具荷关怀旧雨，在远不遗，无任感勒，翔泳久疏，不惟足下见异，即鄙人亦未尝不窃窃焉以为异也。在弟竟岁之中，或南或北，逐浪行踪，盖无匝月憩居之日，佳辰令节，每在风驰浪激之中，饰序套言不无脱略之处。然故旧言情之简，询事之笺，纵势迫稽时，断无竟置弗报之事。心交神交，古昔所重，岂在数行笔札之殷勤，遂可信视非秦越乎？近年自设额缺以来，事之纷沓，百倍经日，巡洋之役所在身先，故通问之笺，微缺朋友先施之义，盖事迫使然，非故有心疏懒也。然近四、三年内，亦未尝奉披一字，又何据以为答耶？交谊之疏密，岂在笔墨之繁简。若专恃此以言亲厚，不亦浅乎？复颂近绥。

弟汝昌草状。五月廿三。

336.复鲁芝友[2]

（光绪二十年五月廿五日　1894.6.28）

再启者：官寄一隅，海山间阻，每怀风范，辄为神驰，比维政履绥愉，至如所颂。

弟昨岁冬初，督艘南下，南越度岁。复作汗漫越境之游，西抵荷兰海

〔1〕窦子桂，直隶候补道。

〔2〕鲁琪光，字芝友，时任济南知府，书法家。

域，始行转棹内渡。迨至威防，已滨樱熟，复接踵举行大阅，未及专裁，翘颂端辰。方惭不敏，适拜嘉言，居谦推饰，恧益不支。首记循声，虽远在海隅，洋洋贯耳，欣仰之。理剧余晷，临池之兴，颇复如前。旧时墨沈，遍洒蓬莱；片羽寸缣，都归纱缓；云烟比户，爰匹甘棠；风雅系思，过人远矣。

威海新建公所，[1]四壁微有点缀，然绝少名贵伟丽之观，未足以资润色，若荷惠赐单款翰宝数幅，增绚花厅，益恋人流览矣。走笔道怀，载颂台安。

弟汝昌顿首。五月廿五。

337.复毛芹圃少尉

（光绪二十年五月廿五日　1894.6.28）

属致书粤中当道，注意至切，谊岂容辞？因念台从亦隔省实缺人员，骤赴粤中求差，横之事理，多未合宜，冒然作书，不惟难以邀允，反足见轻于人，且恐徒耗川资，徒劳无益。故迟至今，未敢轻试。昨复由义昌转到说片，再四思维，殊觉难以措词。现值朝鲜多故，军事倥偬，暂尤不暇计及。惟俟冬令巡洋至粤，酌度情势为之先容，万一有允可之处，再勒告发装就道，免望空而走，有负胜游也。敝邑考棚、育婴等举，悉藉长才筹布，果经营有体，亦可声闻永著。分中裨益，似胜远迈驰驱耳。奉布诚膜。即颂升祺。

治愚弟丁汝昌顿首。五月廿五。

〔1〕即建于威海刘公岛的海军公所。

338.复樊时勋[1]

（光绪二十年五月廿五日　1894.6.28）

一昨两得来书，均已阅悉。韩事未定，“威远”暂缓巡洋，已荷知照倪怡恂，缓运北路之煤，甚妥。毛少尉事，已另函寄庐江面复矣。

再，此次军米两千包之价，及以前公需账尾，便中开清单统归耕云核付。惟机厂项五百余金，又发军捐庐江试院六百金，倘经肯堂取提尊处垫付后，并列入弟账，共两项悉数若干，开寄清单兑付，或以后由合顺与尊号往还款目中划扣，弟便就近归付该号亦可。酌裁见示为幸。缫丝局弟前入本五千之股分票，是否取出？并望示悉。

愚弟丁汝昌顿首。五月廿五。

外致陈敬斋谢赠茗一函，祈便寄之。

339.致刘芗林[2]

（光绪二十年五月廿七日　1894.6.30）

锦至关迩日电音中阻，帅甚焦急，谕商孝侯抽小轮接送要电，惟因孝处艇力较弱，不免为风浪所滞。现商德三[3]改用孝处轮艇卸炮，抽“遇顺”去旅，加派“镇边”驻烟，专轮递两处要电。该船等在烟，凡关军情密紧之电，并往知照电局，万万两无停搁，是为至要！雷艇昨经禀帅，兹

〔1〕樊时勋，买办。

〔2〕刘含芳，字芗林，时任北洋前敌营务处、登莱青兵备道兼东海关监督。

〔3〕张文宣，字德三，时为驻防刘公岛的护军统领。

并商鲁卿，酌调散只来威，俾资遣用。公为创始元戎，如何筹配为精，在胸早有成竹。刻正各酬所知，补救时局之会，窃望协力兼筹，共济艰巨，知亦长才所乐从也。手此布肌。敬颂筹安。

如小兄丁汝昌顿首。五月廿七。

340.致袁慰廷[1]

（光绪二十年五月廿七日　1894.6.30）

韩事风波，半由未能慎始所致。然既势成骑虎，遏氛首重海军，能战之舰数本无多，若萃群力以待战命，临时齐伸伐挞，庶有以展效用之微长。若以有限之精英，各踞一隅，一经事起，彼族必图要截，彼时外军不足为战，内军不足为援，两力均单，岂能济事？现奉相帅电饬，将“镇”“济”“丙”暂调回防，齐作整缮，以备大举。留“超”“扬”“平”“操”分驻牙、仁，似此彼族在仁水军既无可生心，转足以滋其后路之恐。惟静气沉思，有以查照。至留仁、牙四，须令两处轮驶通音。倘西路电阻，该船等应报军情，已函饬该管带等送仁川领事转致，抑或迳送尊处，代为设法转达。务祈格外费神，妥为照拂。至祷！至祷！

觐宸[2]兄可随“镇远”等船来防固妙，尊处果实藉参筹，暂请留韩，亦可，惟酌裁之。以海军半成之旅，动止辄关大局。爰因风便，倾诚相告，更祈有以昭鉴是幸！此颂荩绥，不尽缕。

世如兄丁汝昌顿首。五月廿七。

---

〔1〕袁世凯，字慰廷，时为中国驻朝通商事务总办。

〔2〕龙殿扬，字觐宸，时为在朝清军营务处。

341.致龚鲁卿[1]

（光绪二十年五月廿七日　1894.6.30）

迩日锦州至山海关电阻，尚未修通。帅甚焦急，谕商孝侯抽派小轮在烟接送要电。惟因孝处轮力较薄，现商德三改用孝侯轮艇卸炮，饬“遇顺”赴旅。加派“镇边”驻烟，轮送旅烟要电。一俟电通，再应他遣。昨商派雷艇之电，谅未达览。兹将帅电及敝处迩日所发各电抄折附阅。雷艇何时筹妥可以到威？并“定”“经”“来”船底秽重行缓，若仅刮饰悉敷快干油，约某船至速须若干日？统希酌定见示，以凭计画。是托。敬颂筹安。

如小兄丁汝昌顿首。五月廿七。

附抄电底清折一扣。

342.复毕润侯

（光绪二十年五月廿八日　1894.6.31）

一自南中旋棹，无日不在接游倥偬、启处不遑之局，故奉到函联，竟乏闲情逐一裁谢。纵弗腹诽，亦怍于怀。属事，前曾于致郑诚翁函中陈其崖略，度必代达。兹更图营务处以资津贴一节，迨时局不迫，稍臻清旷，容与孝老话闲，当代一提。惟度支日绌，所在皆然，纵不惮命驾之烦，亦恐难副操券之望耳。士品所重，以俭励廉，嗟若之兴，半由不节。与其驰情征逐，虚掷苞苴，正不如自密夸修，以致闻达。至先业所遗，非至鲜腆，

［1］龚照玙，字鲁卿，时任旅顺船坞工程总办。

量其出入，温饱无虞。若日前艰瘠，竟一如来示所云，则又非鄙人所敢知也。承许磁具，耗值祟华，殊甚可惜。现边事纷拏，食不甘味，何多清兴作调羹之韵事？幸函止其落镌之工，免太耗凿空之费。然盛情所眷，自志于中，正不必沾沾焉仪多及物也。惟嘉言雅贶，在远频施。怅际时艰，骤无为报，良用恧然。顺颂近佳。藉旧书芳板。

愚弟丁汝昌顿首。五月廿八。

343. 复华农黄道〔1〕

（光绪二十年五月廿九日　1894.7.2）

韩防兵轮煤吨，诸承代筹运济，心感之至。顷“利运”到威，赉到赐函。燕翁意，此后韩防需煤，不遑周转，拟径运来威，由敝军兵船自行转运赴韩等情，是持筹局务极为周妥，而于急切军需似涉淡漠，盖于作始兴矿之本原，未当深加体察也。西洋行军煤斤、军械，悉属所司随在筹运，师船则专谋御敌，此外无事旁扰心神，别分兵力。平时巡洋，一船舱储之煤亦仅资船之用，此外无复余地推广装存。有时度路远不敷，则用麻袋装积舱面，为数亦甚有限，而操作一切便形阻碍矣。台从眼界较广，师船体要，当识大凡。若一如百忍所议，力所兼顾不遑者，盖不待智者决之耳。昨已电请相帅核夺，仍望台从赞画预筹，以顾大局。愿赋同袍，有以努力焉。“利运”运械，当查敝军所领者，已饬赶卸清楚，驶赴辽防矣。专勒奉复。即颂台安。惟爰照不宣。

愚弟丁汝昌顿首。五月廿九日。

〔1〕黄建筦，字花农，有时也作“华农”，时任职轮船招商局。

再，威之绥、巩等军需军火甚急，拟令“利运”将旅湾军装赶卸后，无再绕营口，径附天津装运到威，以应急需，孝侯已电楚宝转达尊处矣。

344.致龚鲁卿〔1〕

（光绪二十年五月廿九日　1894.7.2）

吕文经屡次托人求差。昨又来禀，报效意极殷切。兹新由沽坞调出“东”“北”两船，尚有一管带未曾调派。惟现在各食原薪，公费可另开支。日后入坞，仍各归本职。倘照此议，该员乐从，可速前来。迨韩倭事寝，设不欲归充原差，果有可设法之机，亦甚乐与位置，但未敢十分坚允耳。此颂荩绥。

如小兄丁汝昌顿首。五月廿九。

345.致龚鲁卿〔2〕

（光绪二十年六月初一日　1894.7.3）

再启者：顷“致远”到，奉答笺。所筹时局，固为极稳之著，自当向[相]机谆属也。两雷艇到，“右一”之艇间可随“靖远”带威，感甚。拟再加调“福龙”一艇，拟以两号不日随同游巡，留两号驻守威口，以资防范，一、二日当电帅听也。示及每舰仅油快干油，约五日为率。兹先令“来

〔1〕龚照玙，字鲁卿，时任旅顺船坞工程总办。

〔2〕龚照玙，字鲁卿，时任旅顺船坞工程总办。

远”去旅入坞，能并力趱工，早得一二日工竣，尤所深盼，是在同袍，格外为助也。“来远”去四日后，当派“经远”续往。所有“致”“靖”未曾分装之军火，可请饬交“来远”运威为荷。再，“济远”昨由韩归，遇飓风，致将雷灯拍损，刻已在威厂修理。惟玻璃环该船未令储备用，敢祈贵局查有此项，亦交“来远”带下为幸。此颂筹安。

如小兄丁汝昌再顿首。六月初一。

346.致龚鲁卿〔1〕

（光绪二十年六月初一日　1894.7.3）

津局寄尊处公文，知其中叙列敝军械目，因代存看，以便检收，并防紊乱。容目即将照收数目，分条缕开清单，咨送备案。再，“经远”回威，望饬将“定”“镇”两舰三十零半生炮用铜箍开花子一百五十颗、十五生炮用四倍长铜箍开花子一百颗，检发该船一律携带来威应用。此颂荩绥。

小兄汝昌顿首。六月初一。

347.致刘子徵〔2〕

（光绪二十年　1894）〔3〕

昨奉赐电，当即转烟，电复度邀鉴及。倭寇军情，据前驻韩船先后辑

〔1〕龚照玙，字鲁卿，时任旅顺船坞工程总办。

〔2〕刘盛休，字子徵，时为大连湾铭军统领。

〔3〕该件未载日期，现按原件顺序排列。

录大略，汇开清折，并译绘高丽全图一张，派船送旅交贵差驰呈密察，以备绥筹之采。

大军会剿，车马辎重若多，似由凤凰门进队，以义州为后路转运，平壤为中路转运，扼要分队堵守，前军长驱，庶为稳著。若悉由水路载往，设不便由内口登岸，遇风驳运则克日难期，不无匆蘧沓纷猝手不及之虑。未必果遽臻此，然不得不预事周计也。根基立定，日后转运，由鸭绿江续运，当可无虞。师船计陆兵大队开动，有明战之命，即选锐向机或占踞、或雕剿，必协力为助。就目前两势相衡，我不过船炮力数较单少耳。若以人力相衡，水军以一抵三，陆军则力复有溢，是素所深察确凿不移之势。纵彼器精利，我但于冲锋时运以巧计，断以果力，过此则不难所向披靡，并可以其人之道，还治其人之身也。仰跛建边勋，不得楚熇之卜。笔肃。祇叩勋安。

348.致龚鲁卿〔1〕

（光绪二十年六月初六日　1894.7.8）

查贵库所存“超”“扬”两船十寸口径炮用轻装大粒药二十九出，又十七年春“平远”请制廿六生大炮用药桶，造成若干？均饬检交“经远”带来为幸。此颂筹安。

小兄丁汝昌顿首。天贶节。

---

〔1〕龚照玙，字鲁卿，时任旅顺船坞工程总办。

349.复鲁卿[1]

（光绪二十年六月初七日　1894.7.9）

“来远”回威，奉展惠言，敬承一是。惟允假电灯，遍检来件，独少此宗。想一时匆促，该管人忘记交付也。所幸“经远”不日归防，敢祈饬交带下为荷。炭精已荷电沪购办，能促其早日寄到应用，尤至盼切。此批军火已饬陈游击照单点收分给，其余待运各宗，均望转饬统数交“经远”带回。朱猛履历、衔条收到，刻将应保衔名业造册出详。惟俟开保时，再将坐衔照更，当无不可。

吾仲令辰，前曾面订躬往称觞，骤以军事未克如愿，故遣小儿代展祝忱，薄仪又非专备，均愧不恭。乃承齿及，尤觉增人颜汗耳。手复。敬颂台安。

如小兄丁汝昌顿首。六月初七。

350.致张楚宝[2]

（光绪二十年六月初九日　1894.7.11）

今晨“利运”来威，带到赐询三电，读讫沈思，窃谓此种条陈，断非晓畅戎机、深察时局所出也。倭力固不足以匹泰西，然汉江左近内入要路，彼族已竭匝月布置，不无暗伏，固已悉占先着。而我亦由此等路，以

〔1〕龚照玙，字鲁卿，时任旅顺船坞工程总办。

〔2〕张士珩，字楚宝，时任天津军械局总办。

铭、巩五千半济之师，未预图立足之地，骤驱深入，匆速之顷，稍疏防测，堕彼暗算。兵力已虑非完，进剿更为吃力，此为胜算盖鲜谓然。若进大队，似由凤凰门、大同江两路合剿，后路易固，接应转运不虞隔阂，前军长驱无后顾之虑。水师抽数舰占踞大同，以大队游击之师周回韩境西北一带海面，向机御剿，较为稳着。

若夫夫臆说，“超”“扬”而外，益两“蚊船”专驻牙山供护运船，而以全军精锐不使稍离汉城海口，或外出而击敌船，或内驶以护我运，在港倭艘，在岸倭伏，飞击而悉殄之。果累万倭众悉就奄奄，亦不劳若辈苦心筹此重兵就制伏耳。论北、粤两军，谓可备战之舰十有一艘，而纷为肆应，意似未尽所长，而后分队，亲提登岸御守汉城，遂置船队于不顾耶？如所称，师船到汉城海口开炮攻击，则在陆之叶军、铭、巩等军必亦接仗。无论胜负，则由凤凰门继进之宋、左两军，断不及联络以为策应，徒分兵力，复何为用乎？似此，诚虑水路精坚散涣纷歧，悉归一误而已。夫夫也，妄诞偾事，不自悛悟，贻笑贻害，正复无穷，又奚足与议耶？

若进兵，以北路为妥，则调度悉归宋宫保，威望既足服人，谋虑鲜不周妥，无复可虞。或舒川、牙山如益陆兵，调度则悉归曙清。事权一，则心力易齐也。鄙见所及，罔避怨嫌，在彼所陈，或别有见，是在大帅详察是否，以决大计为至幸焉。

再，陆军不习见洋人，近倭装疑西，骤难辨识。应转请照会该埠使臣、领事，当中东接仗时，须各览各国旗帜，并不得藏匿敌人，以防别有偾事。并将各国旗式并人类面目，详谕东征各军，一律通知。尤为至要！此达。即颂筹安。

如小兄丁汝昌顿首。六月初九。

顷复电，恐线阻不达，附开折请察。

351.复刘芗林[1]

（光绪二十年六月初九日 1894.7.11）

昨得初七日来书，知“福龙”会可到旅。至遴派管驾，公与鲁弟陶熔有素，必就所造精粗以序伦列，较汝昌知固多稔，当仍望会同酌定。托两君善任之功，以益我折冲之选，感何可言！

烟台电局往往电有讹错，偶尔询问，间或一答，若诘究稍繁，则几如十扣柴门九不开矣。某处线断，电至搁置以待，报时绝少。使非好问，盖亦无由知耳。平时事非迫促，一一与较，甚亦惮烦，其与孝侯隐予曲全者已非一日。现军吃紧，变在顷刻，依然不自警察，竟公然以“译者睡后未起”直言以复。局务之污糟，可以想见。若仍任意迨误事机，在杏荪亦难辞责备。论交非泛，岂容以姑息之微，重友朋之咎耶？势迫使然，良非得已。承属为之缓期，既知后悔，固无不可。在昌既吐复茹，自相矛盾，殊觉难以措词。台从果实见该委为可靠，似不妨惠以鼎言于杏荪处，为之转圜。昌又何必固作恶人，独为呆事乎？希主裁行之为幸。祗复。敬颂台安。

如小兄丁汝昌顿首。六月初九。

---

〔1〕刘含芳，字芗林，时任北洋前敌营务处、登莱青兵备道兼东海关监督。

352.复黄华农[1]

（光绪二十年六月十一日　1894.7.13）

顷奉手复。燕谋意，前“北平”运仁、牙等处煤斤，“扬威”“操江”两船仅装百十吨余，复载回威防，起卸不无吃亏等情。姑无论官局，纵属商局交易，长久计，累年赢，岂偻指可胜数哉？值兵事偶一吃紧，必亦加意维持，力图接济。兹者，言济商用，则兼顾居先；言济边防，则动虞途远。而锱盈铢绌，毫短厘长，犹复沾沾在齿，介介于怀，不亦过于褊浅乎？顷奉相电，威防务存煤万吨，丰积满荷不虞缺乏。设战事一起，分防之舰，若恃威厂存煤以资接济，而转运前路之舰，有非海军所可自筹耳。先勒实布，希便转达为荷。此颂台安。

愚弟丁汝昌顿首。六月十一。

353.致龚鲁卿[2]

（光绪二十年六月十三日　1894.7.15）

十一夜奉帅电，倭意伪称善后事定乃撤兵，内意将大举。饬速妥筹雷艇用煤，购运猝难应用，由尊处暂为领取等因。所有“定远”工程并“福龙”“左一”应速备便各节，曾电达，当荷转饬遵照。兹着洋弁哈卜门去旅照料，起揭“定远”炮盖，应更置帆布罩以避潮锈，所需料件，谅与前次

〔1〕黄建筦，字花农，有时也作“华农”，时任职轮船招商局。

〔2〕龚照玙，字鲁卿，时任旅顺船坞工程总办。

寄折“镇远”所请相同，均望饬逐照发。其各船不足药弹，除未经购置不计外，就现有未经运到，择其急需各宗，饬陈游击开具清折，并另函知照司械刘委，请饬其检照捡齐，交“定远”带威。其余因岛上无处存放，请暂存旅，候用再取可耳。

尊处所储雷艇合用之煤，无论松白、斋堂，祈饬两艇添满外，再请尽量筹付若干，悉装麻袋交“定远”运威，以备急需。至纫公谊，尤望分饬严催，俾“定远”及两艇能早一日则早一日、得早半日则早半日到威，是下怀至为跂盼切恳者也。“平远”到旅，即请饬速油底，其余工程概不必做。一经油竣，着即迅驶回防，至托！至托！

再，昨由孝侯交到清帅寄来谢寿函件，并报赠墨拓数事附去。此颂筹安。

如小兄丁汝昌顿首。六月十三。

354.致章鼎臣[1]

（光绪二十年六月十六日　1894.7.18）

前随校节过胶，雄谈快抱，至慰渴怀。从行军士，兼承犒施至渥。甫经旋役，边警叠传，筹无为有，不遑日昃，以致裁谢久稽，至为歉仄！迩维荩画宣勤，济艰有具，无任仰企。昨杏荪电相谕，尊处有格鲁森五十三密里快炮十尊，又三十七密里车轮快炮八尊，弹子、无烟药均到齐，可派船赴胶运配水师用等因。当将“康济”往运时日电达尊处，恳饬先行拨候。该船到后，所有随炮应用各件以及药弹等项，务乞悉数点付，开一清单交该管

〔1〕章高元，字鼎臣，为登州镇总兵、时率部驻防胶澳。

带，以凭验收，回缴存案。惟倭猖日甚，一经命下，便飞棹东征。所有快炮洵为行军急需，惟虑该船前击拨运，人力太单，务恳雄部健卒协力相助，总期全数从速早运到船遄归，以资应用。至为厚托！飞布。即颂筹安。

如小兄丁汝昌顿首。六月既望。

355.复龚鲁卿[1]

（光绪二十年六月十九日　1894.7.21）

前“定远”旋防，奉展手告，外，现在无存请津赶运军火一折并韩图名条，均已收到。其随“定远”运来各械，并解批两纸，当交陈游击[2]遵照点收分给。俟将前后收发械件一律核对办楚，再将回批汇齐统寄备案，以归划一。至函请津局续运之件，一经由津起程，务祈先赐电音，以便预筹闲舰，届时取运，倘蒙知照，得以由津径运来威，则更为简速矣。津堂管轮学生李金声，奉函后即驰电通知，一经到威，当饬赴旅以供策用。“利运”此次由津运来军火计两批单，其注归海军一批，当已就近点收。其哈乞开士五管炮弹等项一批，应俟“康济”明后日运胶炮回威、赴旅进坞之便，再拨交解去。总查轮机之余贞顺，亦令乘此便前往。

又，前由津领取水雷，备随大队着“利运”装赴大同江守口之用。查其中尚缺至不可少之件计四十宗，若不搜补齐全，则已领到者全为废物。曾于初七开折函达楚宝请补，事越旬余，未一见寄。如此延缓，料必无存。顷闻贵处局储除用去外，充富仍多。兹开清折专船着王平前往走领。知我

〔1〕龚照玙，字鲁卿，时任旅顺船坞工程总办。

〔2〕陈游击，即北洋海军提标稽察全军军械陈恩焘。

同袍，素敦公谊，必慨然以余波及晋也。微此，则战事一举，大同防具中无此首要，口门豁达，岂抽数十舰足资扼守乎，因缺微需，失此要键，他族中梗，且大意中微志所存，又落后着，岂非可惜！故不惮唇疲齿竭之烦，而呼吁他山亟为之助也。

所有行营新募雷兵所需各件，另缮一折，统祈查照，分别饬发，尤为感勒。此恳。即颂荩绥。附清折两扣。

如小兄丁汝昌顿首。六月十九。

再启者：载诵另笺，具见廑系同袍，居静烛远，轻重利害，举能识及体要，盖以专尚血气之莫能为继也。汝昌非不知如此邻于唐突，然局外之论，固见为老当，局中行之，鲜不指为恇怯耳。今承眷示，用谨书绅。临时进剿，当审机以动。再颂荩绥。言不尽宣。

兄昌再顿首。

再启者：所拟由尊处补领水雷缺少之件，顷据王平称，折开之件，库中不能悉备，雷营尚有余存。本拟派该员持折前往请示捡领，惟因该艇禀定随大队同行，恐有延误。兹改派萨管带先行赴旅，请阅折后分饬雷库、雷营，会同萨管带果能克日捡齐，即通交“康济”运威。若仍需向津拼凑，便候“康济”出坞，再运来威。

汝昌附状。

356.致杏荪[1]、楚宝[2]

（光绪二十年六月廿日 1894.7.22）

前奉赐言，其须商榷者节经电复，当荷察照。就谂殚竭宵旰，旁参密勿，居静烛远，筹无遗纤。其分相帅忧勤，济时局艰巨，所裨良厚。心折之余，尤多跂仰。

东征陆师继增二千之众，粮饷军火随带自必宽筹。叶军似宜在牙山左近择扼要之区，深沟固垒，阳作久防之状，隐为牵制之师。迨西路大队进履京畿境止，两军再拥众而进，前抵后包，不惟临时最为得势，即先时悉就西路接应，无复他虞。纵彼先扑叶军，设难骤战，守料足揞。惟大同一口，既为东征水军后路，又出关陆队中椎要纽，不及时水陆赶筹协守，良多未妥。两仲卓见，果以为然，望便中达帅定计。果允速举，则由平壤至铁岛一段电线，甚宜予筹添设。

再，陆军东进，未能谙熟详情，应每军派一通西语之洋委员，设有他国交涉之事，两情不隔。在通商口岸，凡西国公使、领事公署，能抽华兵若干名驻同保护，尤觉得体，敦谊弭猜，然须先与商洽为宜耳。

现“济远”“威远”“广丙”已遣赴韩，其余供战九舰，束载静听明命以动。备领行军水雷应需尚缺三十余件，前已于初七函请楚弟查照。兹复遣“康济”到旅商借，未卜何处得先措给也。五十七密里快炮应需方块大粒药，除前到两千磅外，尚短四千磅，洵现时孔迫之需。津中既能自制，谅易照给，迅运来威“承平”船，据该船主云，每点钟仅行八迈，随军同

---

〔1〕盛宣怀，字杏荪，时任东海关道。

〔2〕张士珩，字楚宝，时任天津军械局总办。

行，未尽相宜，未审更有他术可能否？胶州炮已运来，分给备战之船，尽三四日力以可安楚，尚称灵快，惜力稍薄耳。此颂同勋。

如小兄汝昌顿首。六月廿日。

357.致龚鲁卿〔1〕

（光绪二十年六月廿一日 1894.7.23）

兹派"康济"抽暇赴旅进坞，军中堪资运载仅恃此艘，希饬勘验，择要萃力趱修，能尽十日内工楚，早济军用，叨幸多矣。

再启者：海军进止，帅意日一变迁，殊令在下莫计所从也。昨者之电，意在令昌亲带大队赴牙，今日之电，复又迳庭。只有将应需未备逐事通筹至足，以待调遣之明命耳。在威之四艇，据蔡廷幹禀称，若随大队东征，至少亦须三艇差足有济，已准如所议办理。惟留防仅剩一艘，殊太单薄，应请再派一、二中艇来威，以资助守为叩。

又，此间南口势敞雷少，挡链浮桩以防雷艇，惟需锚甚多，因念金州水师集船废锚颇堪适用，倘尚存置，许以挪用，计共若干，伏恳电示，以便派船往运。五十七密里快炮仍急待方块大粒药四千磅应用，伏希电催楚宝遄寄。炭精尤望饬催，亦待之孔殷物也。事绪冗琐，忆起辄告，亦自笑其烦繁耳。请我仲一再察之。

汝昌又泐。六月廿一。

〔1〕龚照玙，字鲁卿，时任旅顺船坞工程总办。

358.复于晦若[1]

（光绪二十年六月廿三日 1894.7.25）

“操江”过威，奉展手教。附来应进添贺表文计三包，均一一遵示盖印，并每分[份]各备空白咨文带套四封，谆托“利运”邓买办慎重寄津董遇春代呈，至希检核饬办。应付表值已荷知照银钱所垫付，俟秋季赴津领饷，当属委亲诣台端，应何划归，请面示照缴可也。惟当溽暑，重累心神，感怍之萦，非言可罄。边耗日紧，待命东征，匆复数行，欲言不尽。敬请筹安。

教小弟丁汝昌拜状。六月廿三，灯下。

359.致刘芗林[2]

（光绪二十年六月廿八日 1894.7.30）

廿四亲督大队东征，原冀截冲寇船，麋其一、二冠军者歼击之，庶微足雪死士之冤仇，泄臣民之公愤。在汉江外搜巡海面将及两日，踪迹杳然。意欲直捣汉江，又虑中其暗伏。特以战舰无多，不得不加珍惜耳。漫巡无益，遂于廿七齐驶回防，拟将续行解到子药加添，再候帅命以出。近叠闻倭人在韩，食用悉取给于烟台，恃无匮乏。该领事虽经宵遁，倭商噍类，难保无逐利商民设计隐藏，暗中接济。不早严侦搜除，患遗匪鲜。应请多派委卒，四处密查，遇出入交接稍有可疑，立与究办。幸勿任轻忽视之，

〔1〕于式枚，字晦若，时为北洋大臣李鸿章之幕僚。

〔2〕刘含芳，字芗林，时任北洋前敌营务处、登莱青兵备道兼东海关监督。

至恳！至恳！此颂筹安。

如小兄丁汝昌顿首。六月廿八。

360.致张燕谋[1]

（光绪二十年六月廿八日 1894.7.30）

廿一曾交“北平”附陈一书，度邀鉴及。煤屑散碎，烟重灰多，难壮汽力，兼碍锅炉，虽在常时以供兵轮且不堪用，况行军备战之时乎？曩次“利运”装来碎煤曾勉卸之，其半另供岸厂之用。其不肯骤为已甚者，无非从权顾交谊也。乃昨者所有运到包煤，方之“利运”所解者，尤多不及。不料既经谆托，转不如不托之良也。系台从未及招呼，抑经管人专留此种塞责海军乎？包煤专备行军之需，若尽罗劣充数，实难为恃。关系之重，岂复堪思！自此续运再为散碎，一面仍遣运回，一面电请相帅核办，幸勿怪言之不先也！事非可戏，得弗直陈？此颂台安，不一。

愚弟丁汝昌顿首。六月廿八。

361.致龚鲁卿[2]

（光绪二十年六月廿九日 1894.7.31）

威海南口太敞，且自刘公岛至日岛应布之水雷尚未备齐。经报，寇以

〔1〕张翼，字燕谋，时任开平矿务局总办。

〔2〕龚照玙，字鲁卿，时任旅顺船坞工程总办。

雷艇两班出口，恐黑夜或雾潜驶口内，纵船上小炮足可击沉，设我大船有一坐失，便大吃亏，且当战剿之际，力更虞其不足。昨电商相帅，拟暂将“定”“镇”“致”“靖”“经”“来”移泊旅防，较为周密放心。当奉电复准行，兹令齐驶前往，会应巡剿，帅电尊处，速饬来威。所有往复电底钞折奉览。刻先设鱼网并木栏各一层，候雷件到齐，施布停妥，再调该各船回威。至所去船在旅，务望费神，应筹者代筹，宜禁者代禁，有请补领至不可少之件，酌给之。有关战事工程，约计不甚延时，猝尔开船不误准修，应请弗徇情面，无分畛域，与自己人一体视之。至幸！此颂筹绥。

再启者：“来远”归奉赐复，因该船速开，未曾入口，所有雷件及军火未及装来。幸“利运”由津运军火来威，计明日可到，当促其卸楚赴旅装运。若不敷装，可加“康济”护以两艇，作一次齐运来威。若仍未妥，届时先请电知，派一艘往迓可也，承允移用之锚并废练，均可乘便运来。再叩。并颂暑祺。

小兄昌再顿首。廿九。

362.致龚鲁卿[1]

（光绪二十年七月初一日　1894.8.1）

再者，现“敏捷”待改“海镜”，所有“敏捷”原配弁勇、升火人等，万祈费神切商蓝管带察实。除在旅日有工作者，酌留其奉行做事，希均饬随“康济”来威应用。盖此间增备之事甚繁，悉派生手未尽靠也。再恳。附颂暑安。

---

〔1〕龚照玙，字鲁卿，时任旅顺船坞工程总办。

小兄汝昌又状。七月朔吉。

363.致刘芗林[1]

（光绪二十年七月初五日　1894.8.5）

“乙”船水勇九名乘民船先至成山，内二名由陆前来报信，顷到威防。称该船在牙山外与倭接仗，船伤子尽。时倭船同逐“济远”，该船驶泰安内澳浅沙处，未即就沉。伤亡学生、炮弁各一名，水勇、升火等三十余名，余悉登岸。大副带数北路弁勇乘韩船取道关东一带内渡报信，尚然未至；其管带尚在泰安境上。惟刻下该船是否复被倭击，竟究浮沉？仍无确耗。业经据情电帅，惟自昨下午至今，威至烟线断未修楚。兹遣“镇边”前去进电转发。所有“乙”船应各察办之处，候帅复电再遵照酌行。罗哲士船当已至烟，所报有何闻见，祈详示为祷。此颂。

如小兄丁汝昌。七月初五。

364.复鲁卿[2]

（光绪二十年七月初七日　1894.8.7）

昨“利运”来，奉手示，读悉。运来雷件及“扬威”等补领军火，并楚宝电请尊处筹解之克鹿卜十五生、阿摩士庄六寸口径等炮所需药弹、引

[1] 刘含芳，字芗林，时任北洋前敌营务处。

[2] 龚照玙，字鲁卿，时任旅顺船坞工程总办。

信各宗一批，均已分饬该管员按照折批收发应用。“敏捷”练勇除拨付“济远”二十余人外，余者既经该船声称难以再抽，只得如请办理。惟承抽拨雷件，猝尔请匀，已料难各如数。台从已于无可设法之中曲为接济，而津中再望续运，度亦非易。以此拼凑零星带往前敌守口，断难济事。惟有竟交星斋，就所有者匀配分布刘公岛至日岛一段，聊资拦蔽耳。手复。即颂荩绥。如小兄丁汝昌顿首。巧日。

再启者；昨于中夜奉帅三电，谕旨严厉，言官交弹，昌固早料有此一段公案，于复上月望属慎密缄，盖亦足察微志所在矣。大同江一口，当肇衅之始，叠经电请，并屡函楚宝恳为代陈，预筹水陆进踞协守，实见此着，水军中途有所驻足，陆军后路恃以疏通，并足以杜穷寇西窥之路。乃上月廿帅电谓为不急，而防守该口之具，必期悉臻严固，实非咄可立办。遂从此四处函索电搜，虽未尝搁歇此志，而阅期将近一月，所筹亦不过聊堪固圉耳。今内意，事到临头遽以赴守大口为急务，多布水雷，而水雷究何从出耶？此外，如协守之陆队，防口之台炮，漫无筹议。在水军能出海远行之船，合坚窳计之，现仅得有十艘，此外势皆勉强，岂能足恃？兹者，似以东路辽阔之海，概以系之轻减数舶之师，不计数力，战守兼属，虽绝有智虑者亦为搔首也。数战而后，船若有一须修，复力单而无补。存煤及军械数本不丰，再冀筹添立待，断难应手。后顾无据，伊谁知之！事已至此，惟有驱此一旅，搜与痛战，敢曰图功先塞群谤，利钝之机听天默运而已。所有后路各事，吾弟有一分力所能到者，切望曲念伯仲同袍之旧，力措接济，则感纫万万矣。兹将自上月廿起以至目前与相帅往来电底汇录一折附阅，察有乖谬处，幸无吝其指摘焉。匆达。再颂筹绥。

如兄汝昌附状。七月巧节。

365.复张燕谋[1]

（光绪二十年七月廿四日　1894.8.24）

连奉初八、十六寄言，均敬读悉，知前所陈煤屑难以迁就一笺，业邀台览。属代派司事收发煤斤，接逃走陈司事下手。查敝军厂委杨作宾本可兼理，就近招呼。事属一体，无庸另开薪水，别增局费也。另具公文，希即查照。至询三万吨是否敷用，纵绝大智慧亦未敢横以论断。不常行速行、齐行，则三万吨可以全数不动；若大队不时周巡，一次须添两千吨左右，则三万吨不过仅供十余次之用耳。新峒质既难齐，前属在威筛捡，何不可于出矿时，另将整块筛捡，单存一处？除先运老峒、五槽尽数外，再以新峒实经筛检继运，未始不可备资接济。总之，不论新峒、老峒，但求煤质整壮，能多运期必多运为妥耳。大队不远行，倭船似不得骤来窥伺。招商局船近在北洋，自行来往，矿船似亦无别。若每次运煤必须船护，数少则非徒无益；若护以全队，则一次所运之煤仅足供一次护行之用，其与不运何殊耶？日后倘须煤船随队远行，必设法护持。若大队仅巡烟、威、旅一带，煤船去旅来威，海面当可无虞。望高明有以审度，剖告各“平”船中外人等知之，当谅其非妄也。此复。即颂台安。

愚弟丁汝昌顿首。七月廿四。

再，威海机厂需焦炭甚迫，前于初九曾电花农转告随煤船便运三十吨应用，久未见到，而待用颇殷，敢祈再遇煤船来威，饬照运寄为叩。

〔1〕张翼，字燕谋，时为开平矿务局总办。

366.复德璀琳[1]

（光绪二十年七月廿四日　1894.8.24）

十三及二十所寄两书，均皆诵悉。至承区画，纫感良深。戴理尔现与汉总查同住一处，当能辅助，尽展所长，应支薪水已悉，谅已由尊处知照罗营务[2]处也。其有续至各员应给薪银，自亦一例由台从商同罗公，禀请相帅核夺办理。“飞虎”船虽由总税司饬其来威协办防务，足征畛域无分，急公好义至意。然非台从旋斡其间，焉得有此敏速耶？总税司处望为代达感忱，待经事竣，再专函奉谢。手此，并陈谢臆。即颂升祺。

名另具。七月廿四。

367.致顾廷一[3]

（光绪二十年七月廿五日　1894.8.25）

“西”“南”两船，前承电复，业经修楚。兹派都司蓝建枢管带“镇南”，带同各船拨配及招募各员弁勇役等，齐搭“图南”赴沽驾驶；其“镇西”，即委潘兆培管带。均于八月初一起照全船额饷开支，已详请中堂并支应局立案。惟该两船应由公费中购用之件，一时促买难齐，贵处如有存储，望询该船应需某宗，暂为发给应用，该价若干，开与请单，以便日后领款照缴。两船久泊坞中，车之转动、炮之机括，须就近一试，再驶海

〔1〕Detring，汉名德璀琳，英国人，时任津海关税务司。

〔2〕总理北洋水师营务处随办通商洋务、记名海关道。

〔3〕顾元爵，字廷一，时任大沽船坞总办。

外，遇用始较有准。已饬蓝都司督同演试，倘经试后设有差累，仍请饬照赶修妥固，早日旋防，实纫公谊。此恳。敬颂台安。

愚弟丁汝昌顿首。七月廿五。

368.致孝侯[1]观察

（光绪二十年七月廿六日 1894.8.26）

本月十九奉帅文，据津关德税司禀称：奉总税允准，“飞虎”船主倪额森暂往威海，随同办理防口事宜，当饬该员即赶威海，将严防口门、阻遏鱼雷章程妥议。凡有益海防事务，务宜随时禀商，合同妥办各等因。兹查该员，管带业经开缺，应与以威海防口司名目。贵军防口以及水雷各事，如该员前往阅视，应请准与献议，以资采择。伏望俯赐查照。

再，昨据该员声称，现办北口拦木、铁练，仍有不敷，曾见贵雷营有寸半径铁练存放，拟请转恳暂允移用，以济急需。倘邀见诺，惠饬该营遵照。经用后，或损坏，当仍照购还也。手此，祗达。敬颂台安。

如小兄丁汝昌顿首。七月廿六。

〔1〕戴宗骞，字孝侯，时为威海绥、巩军统领。

369.致张燕谋[1]

（光绪二十年八月十三日 1894.9.12）

煤厂杨委本有月支薪银，今以帮同卸煤，事归一手，原为稍节公费起见，似无庸更益津贴也。迩来续运之煤仍多散碎，实非真正五槽。阁下虽经三令五申，而远在津门，因其事私相蒙混，发碎报块，恐足下亦未及周知。俟后若仍依旧塞责，定以原船装回，次始得分明，届时幸勿责置交谊于不问也。威厂存煤，现仅六千吨之谱。军事一日不息，大队须不时出海，以图巡剿。秋将及半，计封河之期不过两月有余，必须加急多运。块煤一经告乏，则公患同深矣。此复。即颂台安。

愚弟丁汝昌顿首。八月十三。

370.复张燕谋[2]

（光绪二十年九月廿一日 1894.10.19）

顷归威，奉手书，至承垂注，誉且过情，剽氛未殄，愧奋交炽，乃承奖藉，其何以当？军煤威旅两口示及封河前各运储万吨之谱，余悉运烟，并归合顺代储，以备敝军不时之需，自无不可。况业蒙帅允，其中应无梗滞。但款目如何核领，向由支应局主裁，请由尊处迳商，当无不可也，复谢。敬颂筹安。

---

〔1〕张翼，字燕谋，时任开平矿务局总办。

〔2〕张翼，字燕谋，时为开平矿务局总办。

愚弟丁汝昌顿首。九月廿一。

371.复吴瑞生〔1〕

（光绪二十年十月初八日 1894.11.5）

瞓闻雄旆选锐北来，亟望一见。特以边烽日逼，搜海纷驰，致不得放棹津门，就领平倭之略。正深驰企，适展惠言，承注至殷，具见同袍之关切；摛词扼饰，倍惭击楫之无功。推重过情，至为颜赧。腿伤未能即就平复，殊为焦急。惟以敌氛飘纵，丛棘于心，尤甚于不良于体也。或搜或剿，非身亲督队，别无作气之术。时艰至此，痌痒敢复撄心？故于朔日力疾销假。惟能战之舰已减其四，集议购增，值复苛计。第有缮此烬余，勉兹衰质，竭其肱股，加之忠贞，或济或否，期亦未遑深计也。靖边陆军，先我而动，始则声威桓赫，懋赏重重，乘胜班师，口我疆圉转为阒寂。宋帅老重过人，惟仗节未先，纷集之师，生熟参错，虑难骤期一气。麾下运勇于智，度越草伦，谅裕胜筹。幸多见教。为幸！此复。敬颂勋安。

如弟丁汝昌顿首。十月初八。

〔1〕吴宏洛，字瑞生，原澎湖镇总兵，时奉命募兵驻津。

372. 复张楚宝昆仲[1]

（光绪二十年十月初八日　1894.11.5）

军事纷沓，奉唁之忱，仅藉片楮，用代躬诣，束帛之具，尤为不腆。方惭疏简，适拜赐言。所献戋戋，犹劳齿及。下怀怍恧，用益滋多。老伯佳城，经周步相度，当得吉壤。归窆计在何时？殊以为念。

寇烽日逼，军状绝少转机。海军东沟一战，船力本已单钝，猝减其四。“致”“经”两船，尤多干勇之士，悉就沦亡。良由鄙人智虑短浅、愆积德凉所致。虽倭船同有沉失，而折我“致”“经”两号上战之舰，殒我邓君万夫雄特之将。飘纵倭氛，未能一鼓歼绝，痛棘于心，伊谁为助？久议增舰，复苛计值，迄无成说。然目前转机莫急于此，而从事其间者抑若平淡置之。现惟缮此烬余，竭此衰躯，效命以报，或济或否，亦复不遑深计也。智者或有胜筹，希有见教为盼！贱躯腿伤未平，事非身先更有难测，刻已力疾销假。附闻。此颂札安。

如兄丁汝昌顿首。十月初八。

373. 复德税司[2]

（光绪二十年十月廿三日　1894.11.20）

敬复者：顷“北河”来威，马帮办交到来书。聆悉种切，具徵关切，

〔1〕张氏兄弟三人，长张席珍（次韩），次张士瑜（谨卿），张士珩（楚宝）。张席珍已故，此“昆仲”当指张士瑜、张士珩。

〔2〕Detring，汉名德璀琳，英国人，时任津海关税务司。有时被写作德崔林。

感不释怀。马君既为足下素佩，谅必能矢忠竭力，终始不渝，以济大事，鄙人既倚为左右，岂有不格外优待之理？请释尊怀。所带炮弁一名，查前次两名俱由贵税司会同罗营务[1]拟定合同，此弁应请费神，仍会同罗公与前次两名一律办理为托。借沪关下水人，已承电属携邀来威防，但至今日尚未见到。盼待甚切，料既经谆托，谅能如约而至也。此复。即颂台祺。

名另具。十月廿三。

374.致龚鲁卿[2]

（光绪二十年十月廿四日　1894.11.21）

旅防别后，无日不忧心如焚。当入威口时，“镇远”随“定远”之后，竟因溜风移动浮鼓方位，行微近山，致将左（舟皮）下擦伤。当驶浅处，连日设法堵塞，刻但夹底之水尚未抽干。伤处叠派下水人循帮周验，已觅得四处，江海关有下水补漏之人，已电携具前来，今日当可到威，当赶设法补苴。但期目前可以行海放炮，便即整队东下去旅，薄资牵制外攘，巡护本军根本之地也。林镇于十八夜情急吞烟自尽，指臂不良，一至于此，可复奈何！心情恶劣，至斯已极。而回思旅防杂沓，尤至竟夕不寐。方遣民船去旅一探声情，函方书就，适“北河”来，忽奉赐言，差强人意，于此益见我弟重镇严疆，联络竭筹，始足措退敌氛，保全要辖。

闻宋帅已履金境，鼎臣军已抵营，计在月杪当收夹击之效。闻倭将湾防可移粮械悉搬赴船，台炮悉赴轰炬。果尔，信其力单无守意也。确否？

---

〔1〕罗丰禄，字稷臣，总理北洋水师营务处随办通商洋务、名海关道。

〔2〕龚照玙，字鲁卿，时任旅顺船坞工程总办。

有闻希赐告。

霍良顺于昨带工匠百余到威，已饬其赶趱“镇”“来”两船工程。惟需料甚繁，电请购运，断来不及。兹将前函单请各匠抽出呈阅核给外，其余所需并饬霍良顺开单寄李祥光赴旅面请饬发，遇船均祈严促捡要速运来威为叩！

再，重赏之下，必有勇夫。此番之捷，维持洵合斯旨。惟此种赏号，贵在言出必行，方足振兴群力。设旅防现银无多，可电帅配发印票若干，功至可以立奖，免周转延时，或失机要也。见农、翰卿、平斋、松亭、仲明、小川、芷秋诸兄，不及专函道记，务求合衷协力以集大勋。是为至祷！昨代弟电帅底稿缮阅。

如兄汝昌顿首。廿四。

375.复江海关税司贺壁理

（光绪二十年十月廿四日　1894.11.21）

迳复者：顷接本月二十日来函，聆悉一是。承借下水英人韦立森、彭荫，俱已接见，甚感关爱。该两人既来帮忙，自应安置周妥。至每人每日另给五金以资津贴，当如属办理。并请致函贵总税司，先代道谢。一俟工竣，即令两人回沪。复颂升祺。

名另具。十月廿四。

376.致樊时勋[1]

（光绪二十年十月廿五日 1894.11.22）

前属由合顺兑银一千二百五十金一节，刻另有他用，已告其暂缓拨付矣。所存庐江试院庆军之六百金，及弟之下剩一千金，该院董事屡函催询，应请知照曹肯堂军门提取速兑该处应用是幸。

再，弟从事海军十余年，历年积亏公款万余金。现时局如此，誓与倭奴不能两立。而亏累一时未克补填，惟有暂且变通，由尊处账内作收规平银陆千金，藉资展转。事局稍定，当由弟设法赶归。万一有意外之变，即与小儿葆翼结付，已告彼牢记矣。想交际多年，可为我转圜也。前米价所零九百余金，望仍按归耕云账中综算是要。手此，即颂近安。

弟汝昌顿首。十月廿五。

377.复盛杏荪[2]

（光绪二十年十月廿六日 1894.11.23）

“北平”来，奉手示并随来锅匠。当照附单所开，逐明验悉，计十九人。惟所索薪工例以威、旅两处厂匠相较太优，若照此章留用，则敝厂旧人及旅坞新至各匠，势必援此以启妄希之心，致虞心志之涣。查派来该匠，已照加薪。临起身时，均支至一月有半，故不再别给赏号，兹仍令其

〔1〕樊时勋，头办。

〔2〕盛宣怀，字杏荪，时任津海关道。

乘“北平”回津，希更费神，仍归原处差遣。渎聪屡屡，殊抱不安耳。“镇远”擦伤，林镇服毒，当船单事紧之时生此枝节，令人急煞愧煞也！原寄名单奉缴。

如兄汝昌顿首。十月廿六。

卷　二

函牍、公文辑佚

1. 丁汝昌致德璀琳[1]

（光绪六年　1880）

德大人惠察：

握别登舟即发，日暮到沽。昨晨复出海抵“康济”，一切平善，足慰远怀。兹有致葛副税司信一件，祈遇便附寄广州府是幸。此恳。即叩升安。丁汝昌顿首。十三日。

2. 德璀琳致丁汝昌

（光绪六年六月二十日　1880.7.26）

敬启者：

蚊船所用各件，亟应随时备齐，以应急需。日前本税司亲查各船，尚多未备之件留用。即承蒙中堂饬函致机器局许道台[2]速发。顷据复称，应由蚊船主到局指项请领，等语。特此函请军门立刻饬该船主等，查明各船前次单开之件，除已领外，其余未领何项，详细再开清单，派一船主亲到机器局请领。幸勿迟延为要。顺致勋礼。

---

〔1〕Detring，汉名德璀琳，英国人，时任津海关税务司。

〔2〕许其光，时任天津机器局总办。

3.德璀琳致李鸿章

（光绪六年六月二十一日　1880.7.27）

函为申呈事，窃查前蚊船教习吉必勋、汤扪孙二名，专习机器，现在拨往南洋四船。北洋只有四船，自可撤退教习一名，以节縻费。查汤扪孙不肯躬亲操作，凡事假手于人，似难姑容。应请中堂即将汤扪孙撤退，自泰西七月废止，停止薪俸，并请照原订之约，发给由津回英盘川行平银四百两，由津至申三十两，由申至英资七十两。所有四船教习，查得吉必勋熟悉水力暗轮机器，实力实心，应即责成一人经理，仍住“镇南”船内，不时亲往各船，逐件详查。设有机器等件损坏，立即修理妥固。拟自泰西八月初一日起，每月增给该教习银十二两，以昭激劝而励将来，是否有当，伏乞钧裁训示施行。须至申者。

4.吴汝纶与丁禹廷军门[1]

（光绪八年壬午八月三日　1882.9.14）

一别三载，台端远使西域，巡抚东藩，所至皆他人不能为之事，勋望鼎盛，附在游好，深用私幸。海上水师，得名将练习，一洗从前孱弱之气，不惟铁舰足埒西邻也。钦佩钦佩。顷得天津书，知朝鲜内乱，旌旆已横厉涢水，成军伊始，发硎之刃，就此奇功，仰以张中朝远抚之威，俯以练海军生力之效，此行实御侮全势，翘盼捷音，将腾歌颂。

---

〔1〕录自施培毅、徐寿凯校点：《吴汝纶全集》（3），黄山出版社2002年版，第623页。

5.丁汝昌致徐雨芝[1]

（光绪八年十月初十日　1882.11.20）

敝军“超”“扬”两快船，自上年由英来华过沪进坞后，迄今已历一载，船底遍生苔蛎。现已禀明傅相，饬两快船开赴沪上，进贵局船坞洗刷油漆。惟北洋水师各船进坞章程，凡船进坞只准油漆船身外水线以下船底，其余船身内外油漆等事，均由各船主自行备办，不得由坞动用工料。此次两快船进坞，亦请查照办理。其拆开修配等项，查系不可缓之需，应准就便由贵局坞内添配，以归简便。两船进坞后，倘船底钉眼板缝验有损坏之处，并祈饬坞加工修理，以昭妥慎。一俟工竣，即请将各经费数目详细报明傅相，并示知弟处为要。

再，如船底油漆已竣，修配各件，倘未齐全，应即出坞等候，不得占驻坞内，以节经费。弟并奉傅相面谕，北洋现在无大船坞，凡吃水较深之船，以后均须进贵局船坞修理，令弟函致阁下，妥为经理。总期费节工坚各等因，特以附闻，即请查照办理为祷。再，两快船回北洋时，倘船中煤吨不敷，并乞酌拨应用，该价若干，请一并报明傅相，饬局归款可也。除另文移会外，肃此奉达。

〔1〕徐润，字雨芝，时任招商局会办。

6. 丁汝昌《送英员葛雷森请假还伦敦赠言》

（光绪八年　1882）

岁壬午[1]冬，北洋水师总教习葛君雷森请假回国，同人饯之芝罘山下。酒未半，合座举爵为葛君寿，并乞予一言为赠。予维葛君来中华十余载，竭心任事，所在無纖芥，悞人盡知，奚待言然。葛君与予相处久，今行将别后，不知奚日会，纵假期只准二年，会亦有日，而迢迢数万里，相忆不相见，况此后天时人事，又当一变，转辗以思，不能无感于中，又乌可以不言。葛君世为英伦敦勃黎剌人，同治中航海东来，先在新海关职司税事，勤慎耐劳，同列称之。庚辰春[2]，总税司赫君荐来北洋当水师总教习，时予方带领各兵舰初次巡洋，葛君偕予行，予实奉为指南。"镇南"蚊船在海洋岛悞触暗礁，时已薄暮，命谓船不能救，弃之援人为上。葛君力排众议，乘"飞虎"巡船，督率兵弁，携带水龙，黑夜在援。适潮涨，水不及舷者寸余，势甚岌岌。葛君急令兵弁抽水，系缆"飞虎"尾，出"镇南"于万险之中，进泊海洋岛。"镇南"得以保全，葛君一人之力也。是年，大沽口调到山左艇船习流军数百人，葛君教之数月而成。冬间，合肥李傅相派葛君偕予赴英纽卡司接收"超勇""扬威"两快船，与船厂会商，添改配制各件，葛君悉心讨论，精益求精，无不各臻美备。两快船回华，葛君沿途佐理各事，甚得其力。今年秋朝鲜内乱，葛君亦同在行营，布置一切，不辞劳瘁。乱平，诏赏给总兵衔，中西荣之。旧例西员回国，允给川资，此次葛君返英，属予转禀傅相，不敢邀领，是其忠悬廉洁，心在中国有足多者。

---

〔1〕光绪八年（1882）

〔2〕光绪六年（1880）

凡此数端，固昭昭在人耳目间，其他尤不胜偻述焉。酒，既彻爰属林协戎开仕就上所言缀为英文，赠葛君留之箧笥，以为他日相思左券。噫！予与葛君相知之雅，要不在寻常杯酒之间，今日之事，夫固有感于离别外者，而离别之感，油然生矣，是则予与葛君所不能解者也。庐江丁汝昌赠言。

7.袁保龄致北洋水师丁汝昌〔1〕

（光绪十一年　1885）

十三日由“威远”、十五日由“利运”两次连奉惠教，敬承勋福隆懋。威靖藩安，甚善甚仰。委寄傅相要禀，读过封固，已随前寄津禀函，交“普济”将去，今早至榆关，数日即入相览。

旨饬各船随帅驶回，并非专出相意，前事自当悉化烟云，尤愿麾下一切慎之又慎密之又密也。爆竹声中，当可与公同过旅顺穷年，曷胜欢慰。朝防此一年中，不可一日缺送信船，以防意外，此为孝庭兄切己之事，由渠发禀，一面禀傅相，一面亲求清帅，以“海镜”为长船，而以“利”“普”两船辅助之，此最要最妙之著。旅人决不忍与朝争“海镜”，金防虽欲争“海镜”而理短，可无虑也。孝翁处，不及专述，乞兄详切告之。铭山加饷，相恩优厚，必当感动三军。兹有枪炮子六百六十八箱，皆傅相为朝鲜王所筹，事关恤藩，字小之仁，必须妥达为佳。军械所原详由津运榆交叶处，由榆运旅交敝处，再专船东渡交方处运朝京，弟仍照原详办，加文与孝庭，请在朝京接收，会凯侄交朝国。另与文铭山，接“泰

---

〔1〕《阁学公集·书札·卷三》。此函当写于十二月。袁保龄，字子九，时任北洋海防营务处。

安"而致之朝京，伏祈兄就近指示"泰安"，如何妥送方营。台端必能力筹其通，不俟鄙请。"泰安"行过烟，添煤亦以佑民函催，船过烟，渡庆营告假之勇，乃令之一行，限其十九早到马山，现另禀商傅相奉允，以"普济""利运"两船十八九偕发赴朝，祗候清帅内渡，大旆亦当以其时发，或令"泰安"多住数日，以通消息，均希裁酌。抄电一摺，伏乞秘鉴。米煤菜蔬，似可不急要，询朱广胜，云火腿海菜南酒已带去，帅行在舟，当可敷供应。内地各生奖案，玉山兄既有会商之说，可否少迟定稿，待相见日再议，以免向隅，千万拜恳。尊处及方营文函，乞饬赞、蓉两君开单，分别存致。

8.袁保龄致丁汝昌〔1〕

（光绪十一年　1885）

十六夜交李田呈包封一件，今日可登籤阁，敬维勋隆福懋，喜共春来，甚善甚善。两星使登舟后，计是直驶榆关，台旌振旅西旋，当是迳回旅顺，虽威海有人望陌头柳色，或到旅后，春初操巡之便再往尚不为迟，不情之语，公当笑而许之，不能避婵媛申詈也。昨遣朱广胜向方伯谦考校"超""扬"，尚有煤足用，不必带，"利""普"所带煤不少，倘须分用，均候指麾，已告该船矣。良晤在迩，敬治杯斝，待洗征尘。

〔1〕《阁学公集·书札·卷三》。此函当写于十二月。

9. 丁汝昌致金允植[1]

（光绪十一年六月初四日 1884.7.15）

云养[2]仁兄大人阁下：

上月念六日由马山带“康济”船开行后，过威海料理公事，二十九日始到烟台，“扬威”快船亦于是日同时抵烟。因“扬威”不能进大沽口，弟复派“镇西”炮船于本月初一送霞山[3]诸君赴津矣，并令“镇西”在沽口内候至初六日送霞山兄到烟，又令“扬威”在烟候至初八日换送来马山浦。一切妥当，请释尊念。两次寄闵云楣[4]兄各物件，已另派人送去天津，不致有误。

弟现于本日仍乘“康济”到此驻候，我兵撤防后再定行止。近日汉城内外，想均安谧如常。念念。肃此先布，敬颂勋安。诸惟台照，不具。

愚弟丁汝昌顿。初四日，马山浦舟次。

10. 丁汝昌致马建忠

（光绪十一年八月初六日 1885.9.14）

前蒙函询招募铁舰应用人等，在津濒行时，曾匆复一揃交花农兄附递，□□□及。兹查管汽、管油两项，（务）饬陆子揔便中选募，综核全数，仍

〔1〕此件藏韩国精神文化研究院藏书阁，为辽宁大学权赫秀先生所发见。

〔2〕金允植，字洵卿，号云养，时任朝鲜交涉通商事务衙门督办。

〔3〕南廷哲（1840—？），号霞山。

〔4〕闵泳翊（1860—1914），字子湘，号云楣、竹楣等。

形缺乏。除生（火）夫百名已函恳代募外，所有应需管油管汽四十名，仍乞费神饬招。至应如何办理之处外，另具公牍，祈查照分别施行，是所翘盼。设管油、管汽一时未易尽得熟手，难以如数，即略少几名亦无不可。种种偏劳，□□称感。手书祗达，敬请台安。

11.德璀琳致丁汝昌

（光绪十二年三月十七日　1886.4.20）

敬启者：本税司奉傅相面谕，将来醇王爷来北洋水师各船时，所有船上各洋员之衣服务须一律整洁，不得参差，嘱转请贵统领与琅威理办理妥商。又，各船之洋乐，近闻不甚娴熟，且乐器间有残损，务饬该洋乐队速赴新城洋教习毕德卫处，嘱其仅一月之内，勤加教习，（于醇邸）将乐器修整，等因。饬为函致贵统领查照饬办。此颂升祺。

12.丁汝昌致李鸿章〔1〕

（光绪十二年三月二十二日　1886.4.25）

中堂钧鉴：

复量旅澳，须旬日功夫，拟令“定”“镇”“超”“扬”先赴大连湾操，留两船在旅量澳，俟事毕，会齐于湾，结队回威。

昌禀。光绪十二年三月二十二日。

〔1〕录自《李鸿章办理海军往来电文》，件藏美国哈佛燕京图书馆。

13. 丁汝昌致盛宣怀[1]

（光绪十二年三月廿八日　1886.5.1）

杏荪仁兄观察大人阁下：

前在沪上快领教言，别后，想鼎履增绥，起居安吉，至以为颂。弟抵北洋后，各事猬集，日无宁晷。兼以日内醇王莅止，一切均须筹备，鸠拙日形，深虞陨越。尚乞南针时赐，俾有遵循，是所叩祷。

恳者：县丞方履泰，前承金诺，遇案列保，感激无似。昨奉电示，知以力不从心，作为罢论。兹闻朝鲜一带电线工竣，保案将开，不审能鼎力推爱、格外成全否？特再开衔条一纸，去函奉求，务乞俯赐荐列，俾该员得进一阶，则沐戴鸿施，不独身受者已者。肃此，奉恳。敬颂勋安。鹄候玉音。不具。

教弟丁汝昌顿首。三月廿八日。

14. 丁汝昌致盛宣怀

（光绪十二年六月十四日　1886.7.15）

杏荪仁兄观察大人阁下：

前随帅节旷游，得共棹海天，极旬余之缱绻，快何可量！嗣经旋役，道出芝罘，因抱寒疾，未遂抠庆蒲长，抚衷良怍。恳者：敝处友人同宗马君名琛，钦仰仁风，已非一日，昨远道来威，特以投辕报效为谋。孑然请

〔1〕盛宣怀，字杏荪，时任津东海关（烟台）道。

谒，恐邻唐突，乞与一言为介。弟察其人尚非委琐一流，倘赐见不乖所许，可量材而议以任焉。弟拟望后带六艘至东洋各埠操巡，届计归前当在巧节左右也。祗勒奉干。敬颂台安。惟照不赐。外附衔条行禀察。

愚弟丁汝昌顿首。十四日。

15. 丁汝昌致盛宣怀

（光绪十二年六月十七日　1886.7.18）

杏荪仁兄观察大人阁下：

顷奉手毕，并次旌太守履历、衔条，均已照收。敝军开保一节，刻下仍未奉相帅准奖明文。纵得邀恩开办，亦诚如尊示所云，人多额缺。即军中有缺人员，尚恐不到十分之三也。今承谆属，倘届时有纤微可以设法之处，必为力图，但刻下未敢预为操券。会开保时，无论是否得如前途之愿，必当专函奉告也。借便勒复，即颂台安。附条函件已转交。

愚弟丁汝昌顿首。十七。

二十日带六艘至东洋一带操巡，归期当在巧节以后。附陈。

16. 丁汝昌致盛宣怀

（光绪十三年　1887）

杏荪仁兄观察大人阁下：

久未聆晤教益，渴念无似。敬维勋履如意为颂。弟续假养病一节，昨已奉傅相批准。但不许回藉，仍令在防调理。拟日内移住僻静之所，届时再当布告一切也。

兹有恳者；海防新班先选用巡检阮可均，曾在福建电线工程出力。前有乍浦陈协戎请尊处念其微劳，移于他省电工案内附保，选缺后以县丞不论双单月补用，未审已蒙允准否？兹据其开进履历，并改奖衔条前来，属转求执事察照。祈即推情俯行，不胜感激至！专肃，奉达。敬请勋安。

小弟丁汝昌顿首。初四日。

外履历、衔条附呈。

17. 丁汝昌致东海关监督

（光绪十二年七月廿五日　1886.8.24）

为照会事，照得光绪十二年七月十七日，据兵轮各丁声称，是日同伙百十人于长崎地方购买食物，忽来数百日人，不但不让买物，且将已买之物全行踢翻，该丁以势甚凶恶，思欲脱逃，而日人复又究寻巡捕以及无赖等，不下一千余人，各持利刃，遽尔行凶，该丁手无寸铁，又兼寡不敌众，以致各丁当时毙命四人，不知下落九人，被伤未毙者七十余人，复于夜半因伤甚重又毙一人各等语。请验，并恳恩作主前来。

当经问明情由，并亲自勘验伤痕，粘单注明，即为专电禀请督宪，会否兴师问罪，不敢擅拟，但日人无故行凶，且聚众刃伤、毙命不下百人之多，甚为藐视已极，苟不严行惩办，何以偿各丁之命？除将毙命情由专电禀请督宪核夺、不及誊抄外，为此仰东海关监督一体知照。

18. 丁汝昌致威海道

（光绪十二年七月廿七日　1886.8.26）

为照会事，照得领率兵轮，每有勇队滋事之举，凡各地购买食物等事，必须严饬该员弁一体恪守船规，不得滋事在案。忽于光绪十二年七月十七日，据各轮勇弁声称，是日登岸购买食物，突来不识姓名之日人百数名，遽尔乱打，该勇队以事出无因，上前理论，该日人各持利刃，大肆凶恶，以致当时毙命者四人，夜间毙命者一人，被伤不至毙命者六七十人各等语。请验，并恳恩作主前来。

听闻之下，不胜诧异，但购买食物，日人必不至如此藐法，总系事出有因，必须反复查校，始可水落石出。缘是日各丁购买食物，于长崎街巷各处便溺，该日人初则用武，二则行凶，该勇队势寡不敌众，复又究其同伙百数人理论前事，日人遂协同巡捕以及闲杂人等不下一千余人，致有此事。便溺细故，酿成如此祸端，虽各勇不守成规到处作践，而日人结党行凶，洵属藐视我国已极，当时毙命情由专电禀津，已凭核夺外，为此仰威海道于各处照会一切，并饬北洋兵轮作速电知，以应征调之用，会否兴师开战，待接奉回电后一体定夺。

19. 丁汝昌致威海道

（光绪十二年七月廿七日　1886.8.26）

为照会事，照得光绪十二年七月十九日，准朝鲜大臣书称，朝鲜一地本为弱小之区，地瘠民贫，几不堪以为国，通商以来，仰赖中朝大持规条，以致各国彼以往来，拜服之下，钦感莫名。惟日本一国，久已窥伺敝土，前者假市之请，即隐挟侵略之意，幸敝国暂行权术，始息争端，兹复有日人钩串一事，为事前觉察，不至酿成大变，但其欲得敝土之心，愈觉彰明较著，必须严行惩办，始得息其祸种。徒以形势有强弱之分，大小非鲁卫之列，任其所为，将朝鲜一地几蹈琉球故辙矣，反复思维，计划万全，惟伏乞中朝各大宪慈悲为心，念敝国有累卵之危，仍法前事，复移一旅之师分驻敝土，其虎视敝土者，当闻风远遁矣，朝鲜之人民幸甚，朝鲜之社稷幸甚，各等语，请救前来。

披阅之下，怜悯殊深，除抄录原稿，专折禀津，即请拨调勇队，星夜抵高，以资庇护外，为此仰威海道一体知照。

20. 丁汝昌致盛宣怀

（光绪十三年　1887）

杏荪仁兄观察大人阁下：

日昨一面，匆遽未得从容长话，余意多有未尽，良怅于怀。现即鼓轮去威，遥望老伯大人行旗已至，不及即趣展谒，先祈代陈孺悃。容下次来烟，再图叩晤。此叩侍福。并预颂午禧。

愚弟丁汝昌顿首。

21. 丁汝昌致盛宣怀

（光绪十三年　1887）

杏荪仁兄大人阁下：

相距甚迩，竟半载之余未得一晤，可胜遐想。昨密惠米事，已询孝侯可要五千包；德三可要三千包，价及运费，均允示。惟每包须足一百六十斤，运威交收。如执事允准，即照办可也。此复。即颂台安。

愚弟丁汝昌顿首。

22. 丁汝昌致盛宣怀

（光绪十三年　1887）

杏荪仁兄大人阁下：

昨得仰蘧来函称，英国驻沪许领事函称，烟台游勇，有欲劫洋行之信，请兵轮保卫等语。仰蘧已据情电傅相及尊处矣，谅已邀察。兹弟先派抽"致远"来烟，已属邓管带谨慎将事，以彼岸上交涉各节，未能明晰。该船到烟后，遇事悉听示下举行。弟明日亦率各艘北旋，良晤非遥，余容面罄。手此，即颂台安。惟心照不宣。

愚弟丁汝昌顿首。

23. 丁汝昌致盛宣怀

（光绪十三年　1887）

杏荪仁兄观察大人阁下：

米事，前已电复大略，当邀鉴及。昨孝侯来书云，分两太轻，未便定买，并云已电台右。张德三情亦同然。特此奉复，祈查照为幸。此颂台安。

愚弟丁汝昌顿首。十六。

24. 丁汝昌致盛宣怀

（光绪十三年十月廿三日　1887.12.7）

杏荪仁兄观察大人阁下：

昨叠奉两示，并随函各件，均已收到。足徵急公孔切之意。铁路招股及劝捐东赈两节，拟将赐函一并携入行箧，会南去所经殷实之埠，必照属举办。但期到处人同此抱，纵至舌敝，亦所愿耳。第有勉力，济则托公之福也。所有收到实收各据，仍另文咨覆冰案。

谨恳者：弟之老友李大令惟诚，历任郓城、禹城等县，由禹城因案调省察看，计已有年。囊本两袖清风，近加两子在直候补，相继委化。其身后无恃，奇窘益复难堪。弟闻此情状，徒切痛心。因念阁下慈祥恺恻之衷加人一等，便中万祈于宫保之侧，设法达其独苦之况，能题补一缺，固属深幸。不然，则得邀委罢，亦可暂济艰危。伏望不吝吹嘘，俾该大令不致潦倒以终，则荷鸿施，一如身受也。万望加意。为叩！此恳。敬颂台安。惟照不赐。

愚弟丁汝昌顿首。十月廿三日。

25. 丁汝昌致盛宣怀

（光绪十五年十二月十七日　1890.1.7）

杏荪仁兄观察大人阁下：

别忽三月，渴念无似。遥维起居增吉，勋履胜常，至以为颂。弟碌碌海上，建树毫无，所幸各船操巡适堪以慰告远注耳。“定”“镇”两舰赴港进坞，已于望日返抵厦门。拟日内带领各船开往福州马尾澳度岁，正初赴沪，二月初间方可北上。敝军驻威各船，往来烟旅，一切尚求格外照拂为感。

附恳者：叶亮卿兄保案，两次奉旨，日期先后颠倒，前曾赴烟面求，已蒙执事无为禀请更正。刻下亮卿以前次保案根底未清，未敢于他处邀奖。务乞阁下早为设法禀请更正，是为至要！其两次保案缘由，前已开过节略呈送尊处，兹不令其再送矣，专此附恳。敬颂勋安。诸惟惠照百益。

小弟丁汝昌顿首。十二月十七日。

26. 丁汝昌致盛宣怀

（光绪十六年六月十一日　1890.7.27）

杏荪仁兄观察大人阁下：

归从歇浦，两过之罘，近步门阑，每劳南顾。元旋后动履胜常，定如所颂。弟日昨带同南北各艘到大连湾打靶，计二十左右方可以蒇事，拟即连樯渡烟。

今岁恭逢皇上二旬万寿，届日仍拟在烟设西筵，请居烟从公及敝军在船各两员，一体同庆。所冀欢联中外，齐效山呼，合举觥筹，鸣休海隰。在公总理海防营务，此番盛典，似应会列台名。作此公举，外观威重，更见翕然。一切用费悉由弟处准备，不须廉泉一滴。但张宴之所，须检洋餐房之最恢阔清洁者，菜品亦须美备，应请派一委员预为招呼。敝军严中军亦在烟台，应于何日系廿六抑廿八举行，即望就近示悉，以便两员会同商定，免临时仓促、致不整齐为幸！敝军计共有四十人，届时由弟处会名招呼。烟台中外官之应请者，希酌定若干人，即由尊处会名，分别具发柬信可也。裁定后，更望先示数行见告为盼！届日应须旗帜，乐军均由弟处先时部署齐楚，以便移岸应用。此外尚有何项须加润色之处，凡卓见所及者，仰望赐告。尤幸，尤幸！专恳。敬颂台安。

愚弟丁汝昌顿首。十一日。

27.丁汝昌致盛宣怀

（光绪十七年三月廿三日　1891.5.1）

杏荪仁兄观察大人阁下：

前过之罘，值台从尚未旋辕。近瞩戟衙，莫由图睹。积抱相思，徒劳徙倚。近闻裖帷已告元旋，惟弟二三日带各艘到大连湾打靶，一时未能趋候，殊甚惘然。

恳者：陈次旌太守入都晋引，来函缺费。弟现寄京平银二百两为助。渠云请交由贵处可以汇寄。昨者已递函都门通知。兹将银项奉上，希照收代致。至托至托！

郎帅闻下月朔由济南起节东来，十三可由登州乘轮去旅，会同相帅举行大阅。附陈。此颂台安。

弟丁汝昌顿首。三月廿三。

28.丁汝昌致林清康函

（光绪十七年　1891）

林提督[1]麾下：

前率舰东游，瞻雄风，聆伟论，设酒澧以联钦俨，泽袍之见契，倾襟而畅游，慰数年景企之私。别后，想背水宣勤，心攻裕略，预整军于暇日，收横海之盛名，远跂他山，愿资攻错。别后，中途在长崎小作流览，即整归帆。初四日安抵防所。军士差告无恙，足慰远怀。专勒奉谢，即叩勋祉。

名正具。七日。

29.命令

（光绪二十年七月二十六日　1894.8.26）

接北洋大臣李命令："飞虎"船长倪额森可暂留威海卫，办理港内防御，兼任知港事云。由此，特设职名，以便称呼。自今与倪额森面晤及通信时，可称威海防口司，不得称"飞虎"船长。

威海港内防御可定各区划设施。从刘公岛到北山嘴为一区，不必都设

〔1〕林清康，日本海军将领，时任佐世保镇守府司令。

防材，可速着手敷置。威海防口司与“康济”舰长萨镇冰专任其事。其需要的材料、作业顺序，防口司与萨舰长协商后可造明细表规定之。技工等可使用“康济”兵员。如西口的防材良好的话，东面已设防材也可效之，可陆续改造。刘公岛到日岛为一区，“威远”舰长林颖启与洋员勃朗贝克随时检查之。其防材因风浪撞击沉断，需加修理或改造时，该舰长和勃朗贝克可迅速实施之。其需要材料、作业顺序，由该舰长担任处置。技工等可使用“威远”兵员。从日岛到南帮为一区。已设防材由兵器陈主管和洋员考克曼随时检查之。因风浪撞击沉断，需加修理或改造时，该游击和考库曼可迅速实施之。其技工等可使用“镇边”“镇东”的兵勇。以上各员分辖各主管之主区，不可有顾此失彼之事。从前购备支发木铁各材料，陈兵器主管保管之，需要时，由萨冰镇“康济”舰长、林颖启“威远”舰长、陈兵器主管造明细表，依表支给。其价格可列记，以备将来报告。其不足物品可由陈兵器主管申请领用。其铁具制作工程，由威海卫机器厂长张委员专管此事。各口所要物件，随时由“康济”萨舰长、“威远”林舰长、兵器陈主管将其明细表送机器厂。委员要紧急制造，不可稍有贻误。

现今军务紧急，港内防务的军舰责任极重。以三令五申使各方通晓。刘公岛到日岛的一区由“威远”“镇中”专管；日岛到南帮一区由“镇东”“镇边”专管。该口一般严封，任何舰船无论昼夜不许通过。每夜可由两舰派出小汽艇侦查且搜获敌鱼雷艇，防止破坏防材。刘公岛到北山嘴的一区，为“康济”“镇北”两舰专管。夜间无论任何舰船都不许出入。白天出入的舰船要进行临检，有形迹可疑的，不得放行。瞭望侦报及水雷搜获、防止防材破坏与东口一致。

舰队的全部小汽艇最近破损多，已命管轮余参将迅速修理，以供港内防御诸舰及防材设置之用。本舰也不许归航，不得推诿贻误。

三区防材设置各事，仍由威海防口司随时检查商办，要务期成效。总之，港内防御总要迅速坚固告竣，始资扼守，各员须各抒忠诚，极力报效，此乃本提督之厚望，此旨务必传知。接此命令的同时，要迅速遂行，切切训示。

光绪二十年七月二十六日

北洋海军提督丁汝昌

30.丁汝昌部署威海防口通令

（光绪二十年　1894）

传知事，案查“飞虎”船主倪额森，经蒙北洋大臣李札委，暂住威海，办理水师防口事宜，兼充理船厅之职，自应特设官衔以便称谓。传到以后，凡与倪额森晤面称呼及函牍往来，均谓威海防口司，不以“飞虎”船主相称，以专责成。至威海防口事宜，亟应分明段落，赶紧办理。经查，刘公岛至北山嘴为一段，欄木未设，亟宜下手，应派威海防口司会同“康济”萨管带专司其事，领用料件、饬造工程，均由威海防口司知会萨管带开条，分别领造，所用工作人等，即拨“康济”水勇应役。如果西口办理得法，将来东口已设欄木，亦可陆续仿改。自刘公岛至日岛为一段落，应派“威远”林管带会同洋员巴兰柏随时查验，所设欄木，如遇风浪撞击沉断，赶即设法修理，或有应行更改之处，亦由该管带、洋员赶速办理，领用料件、饬造工程，均由“威远”林管带开条，分别领造，所用工作之人，即拨“威远”兵勇应役。自日岛至南帮为一段已设欄木，应派军械陈游击会同嘉格蒙随时查验，如遇风浪撞击沉断，赶即设法修理，或有应行更改之处，亦由该游击、洋员赶速办理，所用工作之人，即以“镇边”“镇东”兵勇应役。以上分派三段，各理各段，庶有专责，不致力分，顾此失彼。至前此各处所领、所购、所拨木铁各料件，应派军械陈游击总为管收，何处需要，凭“康济”萨管带、“威远”林管带、军械陈游击开条给发，登清账目，以便将来报销。其尚有不敷者，经由陈游击禀请采办。其应制铁环铁钉等项工程，应派威海机械厂张委员专司其事，各口要用制造工程，随特凭“康济”萨管带、“威远”林管带、军械陈游击开条到厂，该委员迅即饬匠赶制应用，勿稍贻误。现在军务紧要，守口兵船责成綦重，今再三令五申，以期通晓。刘公岛至日岛一段，责成“威远”“镇中”两船专管；日岛至南帮一段，责成“镇边”“镇东”专管，该口一律严封，无论昼夜，各项船只进出，并由两船夜间派人乘小火轮出外瞭望、侦报及严防偷盗水雷、冲断欄木等情由。刘公岛至北山嘴一段，责成“康济”“镇北”两船专管，夜间无论何项船只不得进出，日间进出船只，亦须验明实无奸违禁人件，方准放行。至瞭望、侦报及严防偷盗水雷、冲断欄木，与东口事同一律。全军所有小火轮近多损滞，已饬管轮余参将一手经理赶修，均归守口诸船及设欄木之用，即本船亦不准调回，以免推诿贻误。至三段分设欄木守口各事，仍准威海防口司随时稽查商办，勿得拦阻。要之，守口各事，总以及早赶竣、坚固可恃方资扼守，各该员务须大抒忠诚，极力报效，本军门有厚望焉。今亟传知，传到即日迅速遄抄，查照办理。切切。此传。

31.训令

（光绪二十年八月四日　1894.9.3）

方今正当大兴挞伐、整旅剿倭之际，各舰将士当各各奋力齐心，抒忠心，以图战胜。以后将士等有退舰不巡航者，当照临阵退缩例处分。若确系疾病者，可受所雇洋医诊察，得其证明书，许入院治疗。如虚托疾病，逍遥事外，畏战不进者，不日发现，当照前例处分之。各各宜当凛遵，切切训示。

光绪二十年八月四日于威海卫
北洋海军提督丁汝昌

32.训令

（光绪二十年八月九日 1894.9.8）

各舰长相从本官有年，所有舰内之事，应其请求，使之施行，无有不信任之处。年来时常航海，消耗甚多。故未曾亲自点检。士卒，昨据总查汉纳根报告，检阅各舰，水兵火夫等中，孱弱老稚而不堪操作者众，显是实情。由此等徒充员之事，尝耳闻某舰亦有之。各舰长多年蒙功劳逾格之赏，想当能誓忠诚，必不负信任。现当海疆有事之秋，冲锋剿寇之际，如不能明确取舍进退，岂止难昭公正，也恐临事之际，一般部下不遵命令，深贻误（战机）。宜速公平地试验其技艺。若徒充员，与年纪族籍报告不符者，将于广众之中指摘，其瑕疵立现。这不只是辜负本提督十余年倚任之厚，也足贻洋员之谤。各各宜当体察本提督之衷，以图矫正之。训示此旨。

光绪二十年八月九日
北洋海军提督丁汝昌

33. 丁汝昌委嘉格蒙札

（光绪二十年八月初九日　1894.9.8）

头品顶戴尚书衔北洋海军提督军门统领全军西林巴图鲁丁为札饬事：

案查帆缆教习洋员嘉格蒙，前经告充奋勇上船前敌，殊属可嘉。业派“定远”船差遣。兹查东口日岛以南至南帮止，所设拦木尚未布置妥帖，应派洋员嘉格蒙留驻威海，帮同军械陈游击，专管东口拦木事宜，一切安设下锚系缆等事务，须会商妥办，以符本军门委用至意，并准该洋员与本军守备平行，以示体面。合亟札饬。札到，该洋员即便遵照，大奋忠勇，勤紧办事，总期各口防务巩固，以奠军心。切切。此札。右札洋员嘉格蒙准此。

光绪二十年八月初九日

34. 丁汝昌《大东沟海战报告》

（光绪二十年八月十九日　1894.9.18）

天津中堂钧鉴：

十八与倭人开战，时炮烟弥漫，各船难见，现逐细查明。当接仗[1]时，自“致远”沉后，“济远”倡首先逃，各船观望星散[2]。倭船分队追赶“济远”不及，折回将“经远”拦截击沉，余船始回归队。“超勇”舱内火起，

〔1〕原稿为“战”，后改为“接仗”。

〔2〕原稿为“随之西去”，后改为“观望星散”。

驶至浅处焚没。“扬威”舱内火起，又为“济远”拦[1]腰碰坏，亦驶至浅处焚没。查战时“定”“镇”舱内亦为[2]倭人炸[3]弹所烧，一面救火，一面抵敌，皆无大事[4]，“超”“扬”若[5]不至浅处，水手[6]不能逃命[7]，火即[8]可救。“经远”同“致远”一样，奋勇摧敌[9]，闻自该[10]船主中弹阵亡，船方离队，如仍紧随不散[11]，火亦可救。“广甲”随“济远”逃至三山岛[12]，竟[13]搁于礁石，连日[14]派船往拖，难以[15]出险。现与龚道商雇民[16]船往取炮位[17]，再浮不起[18]，只得用药轰毁[19]。窃思[20]自倭寇启衅以来[21]，昌屡次传令，谆谆告诫，

〔1〕原稿为“将船”，后改为“拦”。
〔2〕原稿为“船舱内皆为”，后改为“舱内亦为”。
〔3〕原稿为“开花”，后改为“炸”。
〔4〕原稿为“大碍”，后改为“大事”。
〔5〕原稿为“该二船”，后改为“超、扬若”
〔6〕原稿此处有一“即”，后删掉。
〔7〕原稿无“命”字，为后添加。
〔8〕原稿为“仍”，后改为“即”。
〔9〕原稿为“打仗”，后改为“摧敌”。
〔10〕原稿为“后经远”船，后改为“闻自该”船。
〔11〕原稿为“随队”，后改为“紧随不散”。
〔12〕“三山岛”，后欲改为“西大孤山”但又划掉未改；“三山岛”后有一“东”字，后划掉。
〔13〕“竟”字为修改时添加。
〔14〕原稿为“十九即”派船，后改为“连日”派船。
〔15〕原稿为“至今未”，后改为“难以”。
〔16〕原稿为“派雇民”船，后改为“与龚道商雇民”船。
〔17〕原稿为“件”，后改为“位”。
〔18〕原稿为“如再不浮起”，后改为“再浮不起”。
〔19〕原稿为“之”，后改为“毁”。
〔20〕原稿无“窃思”二字，为后添加。
〔21〕原稿为倭“人作闹时”，后改为倭“寇启衅以来”。

倭[1]船炮皆快，我军必须整队[2]攻击，万不可离[3]，稍散[4]必被敌人所算[5]。此次“济远”首先退缩，将队伍牵乱，“广甲”随逃不战，若不[6]严行参办，何以警效尤。“来”“靖”两船如不归队，“定”“镇”亦难保全。馀船暂请免参。“定”“镇”异常逆战，自昌受伤后，刘镇尤为出力，所有员弁兵勇及各船阵亡受伤者，容查明，会同龚道禀请，奏请奖恤。[7]此系中国初次海战，赏罚若不即行严办，以后恐难期[8]振作。

汝昌叩。先此电禀，恭候钧裁。

35.谕令

（光绪二十年八月二十一日　1894.9.20）

送交旗舰吴大副[9]：

“福龙”“左队一号”“左（右）队二号”“右队三号”四艘鱼雷艇及没有破损的各舰，要使之紧急补给煤水。若舰内有小破损，可使本舰木工迅速

---

〔1〕此处原稿有一“人”字，后删掉。

〔2〕原稿为“齐力”，后改为“整队”。

〔3〕原稿此处有一“队”字，后删掉。

〔4〕原稿为“如离队”，后改为“稍散”。

〔5〕原稿为“毁”，后改为“算”。

〔6〕原稿为“请中堂”，后改为“若不”。

〔7〕此一大段落，原稿为“此次‘济远’首先退缩，将队伍牵乱，请中堂严行参办，以警效尤。‘广甲’次之。至‘定’‘镇’异常出力员弁兵勇及各船阵亡受伤者，俟陆续查明，会同龚道禀请保赏”。

〔8〕“期”字，为后添加。

〔9〕吴应科，时任提标大副。

修理之。

光绪二十年八月二十一日
北洋海军提督丁汝昌

36. 丁汝昌致盛宣怀[1]

（光绪二十年九月二十五日　1894.10.23）

昨接中堂电，令“靖”“济”“丙”“平”四舰修竣出洋牵掣敌人云云。查右四舰虽昼夜督促修理，然“靖”“济”二舰之炮钢底钢圈破损，无复能用。“平远”所需炸弹，至今未到。加之“广丙”快炮弹只余六十发。牵掣敌军固我任内事，然倘一朝与遇敌，速力不及，遂失体面，且增彼声威，盖非得计。又，欲要接战，军器不整，如之奈何？我海军力量与敌相比，本即单薄，鹿岛之役又失四舰、废一舰，如今能堪战斗者唯有“定”“镇”“济”“靖”“来”“平”六舰，且“平远”速力迟钝，其修竣当在十一月中旬以后，且各舰炮身大为破损，军器弹药不知何时能到，心中焦灼之至。若又误失一、二舰，更致国威减损，因之思想，不如待所有舰船全部修理完成，无论舰船多寡，一举力战，以身酬国，舰人共亡，昌责亦尽矣。此昌之决心，然只是顾及自己，毫无裨益于国家也。日本已新造一万二千吨铁甲舰二艘，明年将竣。对此，我应添增铁甲舰二至四艘，巡洋舰八艘，其铁舰要比彼新造者稍优，巡洋报知舰应较“吉野”更优。如

〔1〕日本海军军令部：《二十七八年海战史》（上），第346-347页。归与：《中日威海战役纪略》，《海事》第10卷第九期（1937年3月）。

今若因循迟疑，仅购三、四只，毫无益处。为国家立百年之计，必不可使海军薄弱。伏愿此际急讲购办方策，以大张我海军之威势。虽所费巨大，但若能通筹内外南北，集天下之财，再募外债以加之，庶无不足。愿大人能将其密禀李中堂，以期必成。

37.命令

（光绪二十年九月二十一日　1894.10.19）

一、目下，新配之炮员技艺未得娴熟，故各舰长当使正确练习，使之精巧，以期临事命中。各舰长公暇之时，当各筹议战术，同心策划，切勿徒托空谈。

二、各舰需用弹丸、信管等，当迅速领收威海卫储藏之物，以备缓急。切勿迁延。

三、各舰所需小修理、小物件，能在威海卫机器厂制造者，可在该厂急制应用。

四、各舰要迅速增载煤炭淡水，一有出航命令，当做好同时出发准备。目下不许稍涉缓慢。

光绪二十年九月二十一日

北洋海军提督丁汝昌

38. 丁汝昌委庆世理、倪额森、嘉格蒙札

（光绪二十年九月二十三日　1894.10.21）

头品顶戴尚书衔北洋海军提督军门统领全军西林巴图鲁丁，为札饬事，案查承准北洋大臣李咨开，现派洋员庆世理为威海理船厅之任，派洋员倪额森为炮船总教习，务令该炮船助守炮台，随时带领出口，就近狙击敌船，等因，承准。查洋员倪额森，于筹办威海北口事宜，办理得当。兹奉北洋大臣李札派为炮船总教习，自应遵照办理，惟防口事宜，亦应札会，会同庆世理办理以用其长。兹经本军门酌定，即派该洋员庆世理住居“康济”，倪额森住居“威远”，凡有防口事宜，该洋员即便尽其所长，会请筹办。至东口如何布置，改设木桩，即由该洋员禀明主政，本军门并准派“威远”林管带、“康济”萨管带、洋员巴兰柏、洋员嘉格蒙帮同办理，以期防守得宜。其理船厅事宜，专归庆世理办理。至炮船应行事宜，并督率操练、出口狙击，该洋员倪额森即便献其技艺，教导各炮船尽力赶办，无负任用。除分行外，合行札饬。札到，该洋员即便遵照办理。切切。此札。右札洋员嘉格蒙等。

光绪二十年九月二十三日

39. 丁汝昌复李鸿章

（光绪二十年九月二十八日　1894.10.26）

下官烧伤已愈，然脚肿未消，步行颇难。据医师诊察，气血亏损，急难奏效。兹蒙宪念，感恩落泪。各舰工程与照玙督责不懈，木板舱房之修

理谨遵高谕延缓于后日。“来远”工程甚大，尤须时日。其他“镇远”“定远”“靖远”“济远”“平远”“广丙”六舰至月中旬，始得出洋。惟“镇远”锚机气缸被击碎，无暇修缮，无甚碍战斗。刘步蟾在船中日夕不懈监督工程，该管带固无专主之权，岂敢托事迁延时日哉？独虑者各舰大炮、钢底、钢圈及榴弹等物现不足用，前日向天津机械局请求供给。“广丙”大炮炸弹仅剩六十个，“平远”本无炸弹。如此一旦出海遇敌，如之奈何？殊堪忧闷。

40. 丁汝昌复李鸿章

（光绪二十年十月十日　1894.11.7）

中堂阁下：

屡奉急修各舰之命，于船坞昼夜兼工，本月中“定”“镇”“靖”“济”“平”“丙”等可全部出坞，如弹药运到，可速装配炸药，以备出海。昌足尚难步履，请假医治，然指挥战事关系重大，力疾乘舰，以鼓舞士气。兹关乎我海军利钝，所以略有所陈。我国海军创设要旨，原在防外寇。然无事时不筹制造军舰需之费。有事时则偏传进剿之命，不计彼我之众寡，惟一味催促接战。现无力操胜算，实惭愧之至。独我师洞悉此情况，谕我不可寻战。然彼此偶遇，势难趋避时，不得不决一死战。所虑者各舰备炮三分之一破损，尾栓炮套迄今未到，多有难以发射者。“平远”运动不捷，火炮又无榴弹。“广丙”仅剩六十余弹。此六舰只不过得三舰的效用。且“定远”“镇远”锚机破损，纵然改造，短时难期功成，起锚纵有辅助，耗时仍需两小时。若遇风浪，更为费时。汝昌深受君相重恩，自然不辞水火，诸将同心协力，也无不奋力以图战胜者也。胜则国家之幸，否则唯有弃微躯一途。若事后有诋议练兵购舰徒费巨帑、有损国威，以此归罪汝昌，愚衷实无遑顾及。临书不揣忌讳，伏乞鉴谅。

41.命令

（光绪二十年十月二十六日 1894.11.23）

目下，军务紧急，刘公岛为海军根据地，要严申军令，稽查逃勇，禁止滋事，密缉奸匪，以保地方静谧。本提督驻扎威海，当自然照规程办理此等事宜，因常率军舰巡航海上，势难兼顾。因之，依托水陆营务处（牛昶炳）、护军统领张（文宣）告示，使各各遵守。若海军营、舰、校、场各所人员不遵命令，且有酗酒、滋事、犯禁、赌博等事，牛、张两员可查拿之，并依轻重惩罚。在本提督率舰出征之际，各舰乘员有畏葸，故意退舰或趁机逃脱者，两员当严缉审理，不许伤病入院；又，当确认非公务登陆者，可处以死刑，以警众心。兹牒知牛、张两员，着其办理。故各营、舰、校、场、各所，可普遍转达至所辖人员，使其遵奉。训示此旨。

光绪二十年十月二十六日

北洋海军提督丁汝昌

42.丁汝昌致戴宗骞[1]

（光绪二十年十一月初二日 1894.11.28）

孝侯仁仲观察大人如握：

顷奉联鲤，敬承一是。饷车今晨动身，且荷见允如前饬护，感戢无似。清帅电读悉，盖系炮台所用量远近之镜。敝军未备此物，兹饬将镜名另纸确开，又捡量天尺一架，此亦能量远近，但不如前项之便捷耳。复颂荩绥。

如小兄丁汝昌顿首 初二

测敌距数镜

英文Range Jinder

德文Kues ten Entferungsmecser

查此镜据瑞乃尔称，山海关、天津武备学堂各有一架，威之赵北嘴台亦有一架。其山海关一架，归现在该处安炮德人夏教习管。

附录：吴大澂致盛宣怀电（光绪二十年十一月初二日）

榆关来电：千里镜名目，已电孝侯寄样到津照购。旅顺既失，恐倭以全力攻威矣，其缓急，北洋渐松，威电最紧，相意有何援应之策？鑑帅请调回章镇八营，恐海道梗阻，一筹莫展。禹廷、孝侯困守海滨，奈何。尊处毛瑟尚有八百杆，乞拨半，其价照付。澂。东。

---

〔1〕戴宗骞，字孝侯，时任威海绥、巩军总统。

43.致戴宗骞

（光绪二十年十一月初二日　1894.11.28）

孝侯仁仲观察大人如握：

昨奉电示。贵两军各抽一旅为抚帅接应。有骁将率之，设伏抄剿，必足有济，麾下持重根本之地，军民之心胥足以固，庆幸如何。汝昌以负罪至重之身，提战余单疲之舰，责备丛集，计非浪战轻生，不足以赎罪。自顾衰朽，岂惜此躯？惟以一方气谊，罔弗同袍骖靳之依，或堪为济。然区区之抱，不过为知者道，但期共谅于将来，于愿足矣。惟目前军情有顷刻之变，言官逞论，列曲直如一，身际艰危，尤多莫测。迨事吃紧，不出要击固罪，即出而防或有危，不足回顾尤罪。若自为图，使非要击，依旧蒙羞，利钝成败之机，彼时亦不暇过计也。曲抱之隐，用质有道，尚希有以见教为叩。祇达。敬颂筹绥。

如小兄丁汝昌顿首。初二。

44.丁汝昌致戴宗骞

（光绪二十年十一月初三日　1894.11.29）

孝侯仁仲观察大人如握：

承允各台以余勇赴操，健甫展谒，复蒙指导，感真无量。并述尊意，倭逆万一登岸，吾仲已选锐卒，以备亲率迎剿，前路抵御，固为得机得势。惟兵力过单，恐后路不足为固，诚以为虑。委以鄙人照料，临事在海分调船艇，犹惧未能悉当，岂有余力指挥在岸事宜？伏念威海陆路全局，系于吾仲，幸宜持重。总期合防同心，一力固守，匪惟一隅之幸也。余健甫面陈。此叩荩绥。

如小兄丁汝昌顿首。初三。

45.谕达

（光绪二十年十一月初五日　1894.12.1）

本舰队需要之咸菜、食盐及每日需用的小物件，当尽可能多为准备之，不可使缺乏。各舰艇现存粮食有何日量？更要调查之。

又，各舰艇一个月所需米的数量，要详细调查，紧急报告之。

光绪二十年十一月五日

革职留任北洋海军提督丁汝昌

46.丁汝昌致戴宗骞

（光绪二十年十一月初七日　1894.12.3）

孝侯仁仲观察大人麾下：

昨至俊卿处，查近处筹备甚固，惟后路未曾设措，已商同相度，允以扼要赶办。

再，昨据各洋人报称，德璀琳前带数人至马关办理议和事，美公使曾允主盟，惟该国意，和事须到北京方议。刻闻山海关倭兵船在彼已游弋数日，威海刻下当不暇及，我正可及时纾力增备也。此颂勋安。

如兄丁汝昌顿首。初七。

47.致戴宗骞

（光绪二十年十一月初七日 1894.12.3）

孝侯仁仲观察大人如手：

顷奉明教，荩画周详赴机电，迈足卜敏则有功，益信吾道之不孤矣，可为心折。俊卿处已承指示，谅可笃行。健甫安炮至，承惠饬后营助筑大墙，既有余力可分，当即遵嘱照行，感尤无量。吾圉通筹，差足为固，则游击之师，不得不仰仗抚军征调添募之营，现未知实有若干将次滨烟，极以为盼！倭赴榆关，料不易遑志，铤而走险，是其惯习，宜更防其回扑我境也。俊卿中前营，昨议，设值紧要之时，一例内撤，业经商有大致。用质尊意，如较稳妥，并望转知为幸。承赐生鱼，附谢。此颂筹安。

如兄丁汝昌顿首。

48.致戴宗骞

（光绪二十年十一月十二日 1894.12.8）

孝侯仁仲观察大人如握：

敝军“威远”练船所设之炮均非巨制，故士卒所习，盖不免囿于褊浅。会顷措用，难似驾轻就熟者得心应手也。蒙已挑健卒数十辈，拟令逐日登岸求借北山嘴台上混同操练，并祈惠饬守台炮弁指导一切以期易臻熟悉，以备遣用。为蒙允行，即望就近饬书遵照是幸。开花弹一项，较之他弹，实有事半功倍之效，敢祈所辖各台通传，多备若干，至要至要！北山顶行炮各台敝军选派之卒，核计轮流施炮，未见为绌。若不另筹游击之兵以为抵护，不免疏漏之弊。已商德三，允以一哨为助，不日即移扎北山顶，与敝军守台士卒同住一起，庶为骖靳之依。特此达告。即颂荩安。

如小兄丁汝昌顿首。十二日。

49. 丁汝昌致陈凤楼〔1〕

（光绪二十一年正月　1895.2）

修五仁兄大人阁下：

此间被围，望贵军极切。如能赶于十七日到威，则船、岛尚可保全。日来水陆军心大乱，迟到恐难相见。乞速救援。

如弟汝昌叩。

---

〔1〕此函系丁汝昌乙未年正月十四日、十五日间作于刘公岛，由人泅海携往烟台。十六日刘含芳收到，十八日抄转莱州李秉衡，李秉衡于正月十八日（1895年2月12日）将此函电转在潍县的陈凤楼。陈凤楼，字修五，徐州镇总兵，时正率部驰援山东。